EMANUEL ELIZONDO

Un
RESPLANDOR
en las
TINIEBLAS

Una novela

EMANUEL ELIZONDO

Un
RESPLANDOR
en las
TINIEBLAS

Una novela

B&H
ESPAÑOL
BRENTWOOD, TENNESSEE

Un resplandor en las tinieblas, una novela.

Copyright © 2023 por Emanuel Elizondo.
Todos los derechos reservados.
Derechos internacionales registrados.

B&H Publishing Group
Brentwood, TN 37027

Diseño de portada: B&H Español.
Foto de la portada: Dave Wall/Arcángel.

Clasificación Decimal Dewey: F
Clasifíquese: MONASTERIOS—ESPAÑA—FICCIÓN \
PROTESTANTISMO—FICCIÓN \ MISTERIO FICCIÓN

Las citas bíblicas marcadas RVR1960 se tomaron de la versión
Reina-Valera 1960® © 1960 por Sociedades Bíblicas en América
Latina; © renovado 1988 Sociedades Bíblicas Unidas. Usadas
con permiso. *Reina-Valera 1960*® es una marca registrada de las
Sociedades Bíblicas Unidas y puede ser usada solo bajo licencia.

La Biblia del Oso Estuche. Editorial Alfaguara. Copyright 2022.

Biblia Sacra Juxta Vulgatam Clementinam. Ed. electronica.
Bellingham, WA: Logos Bible Software, 2005.

ISBN: 978-1-0877-8777-0

Impreso en EE. UU.
1 2 3 4 5 * 26 25 24 23

Índice

Parte II: El convertido

Parte III: El hereje

Parte IV: El forajido

A los que han sido encontrados por la Luz.

Epigrammatum

Noctem verterunt in diem et rursum,
post tenebras ... lux

—Job 17:12, Vulgata latina

La noche ha pasado, y el día ha llegado: echemos pues las
obras de las tinieblas, y vistámonos las armas de luz.

—Romanos 13:12, Biblia del Oso

Nota al lector

El castellano del siglo XVI es significativamente
diferente al español moderno.
Para facilitar la lectura, se ha modernizado el lenguaje.

PARTE I

EL MONJE

Praefatio

Sur de España
1570 d. C.

Mientras preparaban la hoguera afuera, el inquisidor se sentó frente al escritorio para redactar unas
cartas. Eran formalidades, cuestiones que se tenían que
realizar antes de quemar a un hereje. Una carta al alcalde
del pueblo, dándole los pormenores de los procedimientos
que se llevaron a cabo para demostrar la culpabilidad del
hereje. Esto quedaría en los registros de la ciudad.

«No es que le tenga que dar explicaciones», pensó el
inquisidor. «Tiene suerte de que no lo esté quemando a
él», disfrutó de este último pensamiento.

La segunda carta era un poco más elaborada, el destina-
tario era el gran inquisidor. Esta tendría que detallar los
procedimientos de tortura que se habían empleado para
sonsacar la confesión del hereje. El inquisidor se aseguró
de no usar la palabra «tormento» en el documento, porque
al gran inquisidor no le gustaba. «Métodos inquisitivos»,
prefería.

El inquisidor sonrió. Cuando él llegara a tan alta designación, se aseguraría de que todos los documentos registraran la palabra «tormento». Quizá era un hombre duro, pero no mentiroso. La puerta se entreabrió apenas.

—Fray Domingo —le llamó un joven monje de semblante delicado, asomando la cabeza.

—¿Sí, fray Junio?

—El párroco desea verle.

—Que pase.

Entró un cura encorvado y de piel arrugada, a quien le faltaban un par de dientes. Fray Domingo de Sevilla trató de contener su exasperación. El párroco se acercó a su mesa, visiblemente nervioso, mordiéndose los labios y jugando con los dedos. Era el único cura de la única iglesia del pueblo de Santa Isabel.

—Excelentísimo padre, gracias por recibirme —dijo, mientras miraba a los ojos del inquisidor. Lanzó una mirada furtiva hacia el otro hombre que estaba en ese cuarto, junto al inquisidor.

Era un hombre grande, con armadura de soldado, musculoso, de tez morena y cabello largo y negro, al igual que sus ojos. Miraba al párroco con ferocidad.

—Que no le intimide Rómulo —dijo el inquisidor apuntando al grandote con su pulgar—. Es mi guardia personal.

—Vengo a decirle algunas cosas, más bien..., de carácter delicado. Quizá si él nos esperara afuera...

—¿Qué se le ofrece, hermano Joaquín? —interrumpió el inquisidor. Su voz era ronca y profunda. Fray Domingo, además de haber sido instruido como jurista y teólogo, recibió instrucción clásica en Retórica. Sabía perfectamente bien que la voz, el porte y la mirada eran esenciales para imponer su autoridad sobre otros.

—Ehh... vine para... para hacer una última intercesión por don Felipe de Villeda.

—¿El hereje? —respondió fray Domingo levantando una ceja.

—Sí. Bueno, ese es precisamente el asunto. Don Felipe es un buen hombre. Ha asistido a la parroquia desde que llegó al pueblo hace veinte años con su familia. Los conozco bien a todos: a él, su esposa y sus siete hijos.

El viejo párroco hizo una pausa, esperando que el inquisidor respondiera algo. Pero este permaneció en silencio, atravesándolo con la mirada.

—Incluso diezman regularmente.

Pausa. Silencio.

—¡Simplemente no puedo creer que sea luterano! —dijo el párroco levantando las manos y la mirada hacia el techo, como esperando que algún ángel de Dios saliera a su auxilio.

Fray Domingo regresó con cuidado la pluma al tintero y entrelazó las manos sobre la mesa.

—Hermano Joaquín. Primeramente, el que venga a defender al hereje habla bien y mal de vuestra merced. Me explico, habla bien porque usted ha sido llamado por Dios para atender a la grey. Tiene un gran corazón pastoral, y lo entiendo perfectamente. Pero también habla mal, *muy mal*, porque, al final, ese hombre es un hereje. Ha violado la ley de Dios. Su existencia pone en riesgo a todas sus ovejas.

—Pero fray Domingo, su señoría, las pruebas en contra de don Felipe son...

El inquisidor levantó tres dedos.

—Tres familiares diferentes de la Inquisición dieron testimonio de que el hereje ha estado exponiendo doctrinas luteranas en sus pláticas privadas. ¡Doctrinas luteranas! ¡Vaya blasfemia!

—Se refiere vuestra merced a don Víctor Calles y a sus dos hijos, esos rufianes de Juan y Roberto —dijo el párroco tratando de esconder su enfado—. Los Calles y los Villeda mantienen una disputa por tierras desde hace ya cinco años. No me sorprende que hayan dado testimonio en contra de don Felipe. Es una manera conveniente de deshacerse de él de una vez por todas.

Fray Domingo golpeó la mesa fuertemente con la palma de la mano, el tintero brincó, y el párroco dio un respingo, con los ojos bien abiertos, temerosos. El párroco no debería saber los nombres de aquellos que habían testificado. Era un procedimiento completamente anónimo. Pero aparentemente, alguien había hablado. Eso le enfurecía.

—¿Insinúa que esos tres familiares de la Inquisición, quienes hicieron un voto delante de Dios de decir la verdad a riesgo de pasar la eternidad en el infierno... están mintiendo?

El párroco bajó la mirada.

—Yo solamente pienso que deberíamos investigar más.

El inquisidor se tranquilizó.

—Lo entiendo, mi buen hermano Joaquín. Lo entiendo. Pero debe saber que el inquisidor soy yo. Vuestra merced ha sido llamado a atender a las ovejas de Dios, y yo he sido puesto por Dios mismo para defender la fe y la doctrina.

—Sí, excelentísimo padre, lo sé.

—¿Sabes por qué quemamos a los herejes?

El cura se humedeció los labios, pero no respondió.

—Porque un hereje es más peligroso que un asesino —dijo el inquisidor al ponerse de pie y caminando hacia el párroco que, inconscientemente, dio un paso hacia atrás—. Un asesino puede matar el cuerpo, pero el hereje mata el alma. Es por eso que merece la pena más fuerte: morir sin cristiana sepultura. Un hombre que es quemado no puede entrar al cielo.

La cara del viejo sacerdote se desfiguró de dolor y pena. Evidentemente apreciaba al hombre que estaba por morir quemado en la hoguera.

El inquisidor puso su mano sobre el hombro del sacerdote.

—Puedes estar en paz, hermano Joaquín. Esta es mi responsabilidad. Yo sé lo que hago. Créame, este hombre es un hereje. No permitiré que la herejía luterana se siga esparciendo por estos lugares —luego acercó su rostro al oído del párroco y le susurró—: Pero déjeme ser claro, hermano Joaquín. Si oigo hablar de más herejes en esta parroquia, comenzaré a sospechar de usted. No sería ni la primera vez ni la última que quemo a un falso sacerdote.

Le dio dos palmadas en el hombro, le sonrió, una sonrisa bien ejecutada pero falsa, y el párroco entendió que esa era la señal de salir de allí.

Cuando salió, fray Domingo se quedó de pie, dándose un masaje en las sienes con las yemas de los dedos. No, no permitiría que las doctrinas luteranas, esas aberrantes teologías de los llamados protestantes, se diseminaran por los reinos de Castilla y Aragón. Con la ayuda de Dios, encontraría a cada uno de los herejes, en cualquier rincón donde se escondieran, para quemarlos de una vez por todas junto con sus escritos.

La puerta se abrió y entró fray Junio, el joven monje de tez blanca que le servía de asistente. Era un excelente secretario, aunque algo joven. Nacido en una buena familia, educado bajo los mejores maestros y con una mente astuta. Llegaría a ser inquisidor algún día, indudablemente.

—Padre, todo está listo.

—¿El hereje?

—No ha querido confesar.

Fray Domingo asintió con un gesto y se quedó allí en silencio un momento, recolectando sus pensamientos, preparándose para el discurso que daría. Salió junto con Rómulo de la oficina del templo del pueblo, donde lo esperaban el alguacil, un par de soldados, fray Junio, y se les unió el resto del séquito inquisitorial mientras caminaban hacia la plaza del pueblo, en donde se había proclamado el «auto de fe».

En la plaza se había reunido el pueblo entero. Unas doscientas personas, contando algunos niños. La mayoría eran granjeros y sembradores, que vivían casi en la pobreza y a merced de unas cuatro o cinco familias terratenientes. Entre ellas, la familia del hereje. Se construyó una plataforma y sobre ella se dispusieron varias sillas. Fray Domingo se sentaría en el centro. Le gustaba pensar que era su trono. Junto a él su secretario, el procurador, tres teólogos, un par de juristas, dos notarios, el escribano y el alcalde del pueblo. Frente a la plataforma, la hoguera. Cuando todos estuvieron en su lugar, el inquisidor se puso de pie y todos guardaron silencio.

Básicamente alternaba dos tipos de discursos; el primero lo daba cuando las personas ajusticiadas despertaban ya cierto rechazo entre sus vecinos. Les aseguraba que el alma del hereje quedaría presa en el infierno por la eternidad. Les garantizaba a todos aquellos que habían denunciado la herejía que las indulgencias recibidas acortarían significativamente su tiempo en el purgatorio e, incluso para algunos, posiblemente les lograría la entrada directa al cielo. *Posiblemente* era la palabra clave. En otros casos, como este, en donde el hereje era más bien querido por el pueblo, el inquisidor optaba por un discurso un poco más suave, pero sin dejar de ser firme.

Comenzó el discurso dándoles las gracias por atender la llamada de la Iglesia al «edicto de fe». Les garantizó que toda alma penitente al final sería recibida por Dios en el cielo —sin nunca decir expresamente que ese sería el caso del hereje—. Les habló de la importancia de la doctrina, y de cómo el mismísimo papa había declarado que la quema de herejes era para el beneficio no solo de la Iglesia, sino del alma misma del heterodoxo.

—Queridos hermanos, habrán oído hablar quizá de una herejía particular que ronda por el sur de nuestras tierras, que Dios lo guarde —puso las manos en la espalda y caminó al borde de la plataforma, muy serio—. Me refiero, por supuesto, a la herejía luterana. Ese hombre, condenado por Dios, ha logrado seducir las mentes de algunos faltos de entendimiento. Es por eso que su majestad el rey Felipe, que Dios lo guarde, me ha pedido personalmente que se erradique por completo esa forma de doctrina, y que persiga a cualquier hereje hasta el último rincón en que se encuentre. ¡Todo aquel que tolere la herejía protestante, se las verá conmigo!

Hizo una pausa para que sus palabras surtieran efecto. Estos pueblerinos no eran muy inteligentes, lo miraban con ojos ausentes. Pero el hereje había compartido escritos luteranos con ellos, estaba seguro. Aunque torturaron al hombre, no lograron sacarle un solo nombre. Pero estaba *seguro* de ello. No solamente eso, alguien le había proporcionado panfletos con doctrina protestante. ¡Él los había visto con sus propios ojos! Por supuesto, el hereje negó que su esposa e hijos tuvieran algo que ver. Fray Domingo decidió perdonarles la vida. Quemar mujeres y niños era demasiado desagradable. Continuó:

—Pero estén en paz, hermanos míos. Hoy un hereje es quemado, pero la vida eterna regresa a este pueblo. —levantó ambos brazos al cielo y dijo—: Yo, fray Domingo, he venido a salvarles de la muerte, y en el nombre de nuestro Señor Jesucristo y su santidad el papa, ¡los rescato hoy del infierno!

Había esperado un aplauso. Normalmente le aplaudían aquí. Nadie se movió. Nadie dijo nada, excepto el bebé que había chillado la última parte de su discurso, probablemente arruinando su efecto. Bajó los brazos, rechinó los dientes y miró al alguacil.

—Te toca.

—Sí, excelentísimo padre —el alguacil se puso de pie y gritó—: ¡Traigan al reo!

La Santa Inquisición era un tribunal eclesiástico sin poder para ejecutar a alguien. La ejecución se llevaba siempre a cabo por el alguacil. El inquisidor secretamente odiaba eso. ¿Por qué tenía la Iglesia que ceder su autoridad a la Corona? ¿No tenía la Iglesia el poder de dar la vida y quitarla?

Por primera vez se escuchó un murmullo. Fray Domingo, que se había sentado de mala gana, le susurró a su secretario.

—Por lo menos están vivos.

—Cosa que pronto no se podrá decir del hereje.

El inquisidor intentó sonreír, pero no pudo. El hereje, escoltado por tres soldados, fue llevado a la hoguera. Se le había prohibido a la familia asistir, pues el inquisidor no tenía intención de escuchar los gritos y súplicas de la mujer o de los hijos. Estarían encarcelados, mientras durara la quema. El hereje fue drogado antes con un poco de alcohol y hierbas, para que no opusiera demasiada resistencia. Pero no tan drogado como para que no sintiera el dolor. No, eso no.

«Tiene que gritar», pensó fray Domingo. Y gritaría. Todos gritaban.

Estando ya asegurado, y habiendo prendido la antorcha, uno de los soldados asintió hacia la plataforma. Fray Domingo se puso de pie de nuevo. Hizo la señal de la cruz en dirección al hereje.

—Que Dios tenga piedad de tu alma.

—¡Enciéndanlo! —ladró el alguacil.

Habían hecho un buen trabajo. La hoguera prendió casi inmediatamente. No duraría mucho tiempo vivo. En lo más profundo de su ser, fray Domingo disfrutaba más cuando los herejes se quemaban poco a poco. Le gustaba verlos sufrir.

Fray Domingo se sentó. Los gritos comenzaron. El olor a carne lo invadió todo.

Fray Domingo sonrió.

Unus

—Actuamos porque sabemos. La vida de la mente informa la acción de la vida.

—¿Pero de qué sirve una mente que sabe si no tiene una vida que obra? Por lo tanto, obrar es más importante que saber.

—Por el contrario, hermano, no caigas en esa falsa dicotomía.

—Explícate.

—Obrar no es más importante que saber, porque es imposible hacer el bien sin saber el bien. Amamos porque Dios es amor. Amamos porque Dios nos ha amado. Pero primero tenemos que saber este hecho, para ponerlo en práctica. Así que primero *sabemos* que Dios es amor, y por lo tanto amamos a otros.

—¿Entonces, hermano Jerónimo, que es más importante?

—No es una u otra, sino las dos, hermano Bernardo. Como dijo el fundador de nuestra orden: *ora et labora*. Ora y obra. Pero debo admitir que si fuera forzado a escoger una antes que la otra, diría que primero hay que saber.

—¿Es por eso que pasas tanto tiempo leyendo libros, hermano Jerónimo?

—Quizá, quizá.

—Pues entonces, Jerónimo, te diré lo mismo que aquel gobernante le dijo al apóstol: ¡las muchas letras te vuelven loco!

Todos se rieron de buena gana, incluso Jerónimo. La realidad es que tanto fray Jerónimo como fray Bernardo eran excelentes amigos, y disfrutaban con frecuencia de debates teológicos. Ellos dos, junto con su amigo Maclovio y otros dos monjes jóvenes —todos ellos novicios—, estaban sentados en una banca en el claustro, disfrutando un poco del tiempo libre después del desayuno, antes de que comenzaran las labores del día. No es que tuvieran mucho tiempo libre. La orden benedictina estaba dedicada al trabajo. Un tercio de su tiempo lo pasaban en oración, el otro tercio trabajando, y el último recuperando fuerzas mientras dormían.

Aunque habían oído que en otros monasterios se habían relajado algunas reglas, fray Ricardo, el abad del monasterio benedictino San Pablo Apóstol, era sumamente estricto.

Jerónimo miró en dirección al reloj de sol que estaba cerca de ellos, el cual mostraba las horas canónicas.

—Será mejor que me retire a comenzar mis estudios —dijo Jerónimo.

—¿Tan rápido, amigo? —le preguntó Maclovio. El joven monje de nariz puntiaguda y cabello negro se cruzó de brazos—. Hay que dejar asentar un poco la comida, de lo contrario te dormirás mientras estudias.

—Dormir es tu especialidad, ¿no, amigo? He oído que en la herbolaria no hay mucho que hacer estos días —dijo Bernardo.

—No me quejo, no me quejo —contestó Maclovio con una sonrisa.

Aunque los tres eran novicios, cada uno de ellos era aprendiz de un monje diferente. Maclovio, aprendiz de fray Rodolfo, el encargado de la herbolaria y la enfermería. Bernardo asistía a fray Tomás, el sacristán. Y Jerónimo competía por convertirse en el asistente de fray Sebastián, el encargado de la biblioteca y del *scriptorium*, el cuarto de donde se copiaban los libros y se estudiaban.

Jerónimo, a diferencia de sus dos amigos, era un monje que se centraba en la contemplación y el estudio de la teología. Sin embargo, por ser de la orden benedictina, pasaba por lo menos dos a tres horas diarias en el pueblo, haciendo obras de caridad.

—Bien amigos, un gusto ver sus feos rostros esta hermosa mañana —dijo Jerónimo—. Nos veremos para la comida.

—¿Te crees muy guapo solo por tener ojos verdes? —le dijo Maclovio.

Jerónimo no hizo caso y se retiró.

—¡Ten cuidado con las muchas letras! —le gritó Bernardo mientras se alejaba de ellos, y estallaban en risas.

El monasterio de San Pablo Apóstol, como muchos monasterios, estaba resguardado por una muralla que servía de protección en caso de ser atacados por los enemigos, en especial los moros o, en algunos casos, piratas que se acercaban desde el mar Mediterráneo. El monasterio custodiaba varias reliquias de un incalculable valor, en una bóveda de la biblioteca a la cual solo tenía acceso el abad.

Jerónimo creció en el monasterio, y nunca le tocó vivir un ataque. La biblioteca, después de la iglesia, era el edificio más grande. Se encontraba en el ala oeste del claustro, constaba de tres pisos, el último construido diez años atrás, a causa del gran número de libros que habían reunido y la falta de espacio. En el primero estaba el *scriptorium*, donde los monjes podían estudiar en silencio.

Jerónimo abrió la puerta que daba al *scriptorium*. Siempre era el primero o segundo en llegar; el único que siempre arribaba más temprano que cualquiera era fray Agustín. Al principio pensó que estaba solo, pero entonces escuchó el susurrar de unas voces. Iba hacia su pupitre cuando se detuvo al escuchar una frase que le llamó la atención.

—*Es por la fe sola. La fe sola.*

Jerónimo se quedó congelado. La conversación continuó, pero en voz tan baja que no podía distinguir el timbre de quienes hablaban, solo que eran tres personas. No veía quiénes eran, porque un grueso muro, de los varios que había en el cuarto, los escondía.

—Pero eso no es posible. No puede ser así. No es lo que creemos.

—¿Lo que creemos? Lo que creemos es lo que diga la Escritura.

—La Escritura y la tradición.

—Nunca he visto que la Escritura se contradiga. ¿Pero la tradición?

—No digas eso, hermano, son blasfemias.

—No lo digo yo.

—¡Pero esas son herejías luteranas!

—Lutero ha sido declarado hereje.

—Lutero afirma que él solo expuso lo que enseñó San Pablo, San Agustín y Jesucristo mismo.

—¡Imposible!

—¡Pero hermano...!

La puerta se abrió y Jerónimo casi da un grito de espanto. Era fray Agustín, un hombre viejo que a duras penas podía ver. El monje tosió con fuerza; tomó su bastón con ambas manos, lanzó una flema a la esquina, y dijo:

—Vaya, muchacho, me espantas. No puedo ver bien, pero sí oír. Y no te oí.

La conversación secreta, por supuesto, se detuvo. Jerónimo caminó junto con fray Agustín, como si hubieran entrado juntos al cuarto.

Tres monjes caminaban hacia ellos, y se le heló el corazón al ver que uno de ellos era fray Sebastián, el jefe de la biblioteca y de quien quería ser aprendiz. Los otros dos eran los gemelos Rómulo y Remo —sí, como los fundadores de Roma—, quienes tendrían un poco más de cuarenta años y eran prácticamente idénticos, excepto que Rómulo tenía el cabello rubio y Remo lo tenía color café. Aunque los gemelos lo miraron con sospecha mientras salían del *scriptorium*, fray Sebastián sonrió ampliamente al verlos.

—Siempre llegando temprano, Jerónimo. Y vuestra merced, fray Agustín, ¿alguna vez duerme? ¿Come?

—Mi comida es la palabra de Dios, como dijo nuestro Señor —respondió el viejo monje, de mal humor. Se sentó en su pupitre, abrió un libro, y pegó su nariz a las páginas para poder leerlo.

Fray Sebastián puso la mano sobre el hombro de Jerónimo.

—No te escuché entrar, muchacho.

—Eh, ya sabe, fray Agustín y yo nos tropezamos por querer entrar al mismo tiempo —dijo. Una mentirilla pequeña, piadosa.

Fray Sebastián lo miró fijamente.

—Entiendo —agregó—. ¿Qué vas a hacer hoy?

—Continuaré estudiando el tratado sobre la Trinidad de San Agustín.

—Excelente lectura. Déjame saber si necesitas algo.

—Gracias, fray Sebastián.

El jefe de la biblioteca se retiró a su mesa, la cual estaba junto a la pared, en una esquina frente a una de las ventanas que daba al patio del claustro. Junto a la mesa, la entrada a la biblioteca, a la que solo se podía acceder con llave. Sebastián era el único que tenía una mesa grande solo para él, mientras que los demás usaban los pupitres. La mantenía llena de libros, siempre llena. Fray Sebastián era un monje un poco joven para la posición que había alcanzado como bibliotecario jefe. Jerónimo no sabía su edad, pero le calculaba unos 38 años. Había sido el asistente del antiguo bibliotecario, fray Eduardo, un erudito que había muerto seis meses antes de una complicación pulmonar. Al morir el antiguo bibliotecario, su asistente, fray Sebastián, asumió el puesto, que siempre fue deseado y daba bastante prestigio en el monasterio. Así, el abad Ricardo lo confirmó en ese cargo porque fray Sebastián era, indudablemente, un hombre de mente prodigiosa, además de haber sido educado toda su vida en el monasterio.

El bibliotecario era teólogo, escritor y poeta. Jerónimo quería ser como él. Y sin embargo, al sentarse en su pupitre, y mientras abría el códice de San Agustín, su mente estaba intranquila. Sabía bien lo que había oído. Lo único de lo que no estaba seguro era si el bibliotecario estaba en contra o a favor. Pero no tenía duda de que el tema de la conversación versaba sobre *herejía*.

Duo

Fray Domingo tenía la boca llena de carne, masticaba con fuerza, audiblemente, con determinación. Junto a él comía su secretario, fray Junio, y el escribano; frente a él, el alcalde de Santa Isabel, el secretario del alcalde y el alguacil. Después de una hora comiendo, no habían hablado mucho, se habían dedicado a llenar los estómagos. Eran días difíciles, después de casi tres semanas desde que el séquito inquisitorial llegara al pueblo para encontrar al hereje.

El primer día anunciaron que cualquier información sobre la propagación de la herejía sería bien remunerada por la Iglesia. Los siguientes días fueron de investigación general y pesquisas, hasta que finalmente dieron con el hereje. Luego comenzaron los interrogatorios, la tortura y, finalmente, la hoguera. Tres semanas no estaba mal. Algunas veces la Inquisición en un pueblo podía estar un par de meses.

—Pues bien, excelentísimo padre —dijo el alcalde trepidante—, gracias por su servicio al pueblo, a la Corona y, por supuesto, a nuestro papa al deshacerse por nosotros de la herejía en este pueblo.

Sin mirarlo, pues estaba concentrado en el hueso que había en su plato para quitarle toda la carne, contestó fray Domingo.

—¿Piensa que mi trabajo ha terminado aquí?

El alcalde se quedó mudo. Miró de reojo al alguacil, pero este se había petrificado también.

—Pues... pensé que, con la muerte del hereje...

Fray Domingo lanzó el hueso con hartazgo. Miró fijamente al alcalde.

—Algo puedo decirle, señor alcalde, cuando hay un hereje, hay dos. Y cuando hay dos, la herejía se multiplicará, poco a poco. Es como una plaga. ¿Ha visto los efectos de la plaga, alcalde?

—Sí, por supuesto —asintió—. Terribles.

—Exactamente. La herejía es igual.

—¿Quiere decir, padre, que continuará sus pesquisas aquí en el pueblo? No es que eso tenga algo de malo, nosotros aquí odiamos la herejía y estamos dispuestos a...

—No, no, alcalde. Nuestro trabajo aquí ha terminado —interrumpiéndole.

Los tres hombres sentados frente al inquisidor exhalaron aliviados, si bien intentaron disimularlo.

—Fray Junio, informa por favor al buen alcalde cómo van nuestras investigaciones.

El joven monje se aclaró la garganta.

—Como saben, no pudimos obtener mucha información del hereje. Pero una cosa teníamos clara: los panfletos que estaban en su posesión provenían de alguna imprenta clandestina, probablemente cerca de aquí. Así que decidimos enfocarnos en esa información.

—¿Lograron sacarle algo? —preguntó el alguacil.

—No mucho —respondió el inquisidor—. Pero logramos sacarle un par de palabras: *el prado*.

—¿El prado? —dijo el alcalde—. ¿Quizá se refiera al prado justo a las afueras de la ciudad?

—Al principio pensamos eso también —dijo fray Junio—. De hecho, mandamos algunos soldados a revisar el prado cercano, para ver si encontraban algo, pero no.

—Fue una noche que tuve una revelación, alcalde —dijo fray Domingo—. ¿Cree vuestra merced en las revelaciones?

—Sí, sí, claro —balbuceó.

—Recordé que El Prado es el nombre de un pueblo cercano al mar, no muy lejos de aquí.

—Es cierto —dijo el alguacil—. Quizá a dos días de camino.

—Exacto —asintió el inquisidor—. ¿Sabe qué hay en El Prado?

El alcalde lo pensó por un momento, pero evidentemente no tenía idea.

—Una imprenta, mi estimado alguacil, una imprenta.

Hubo una pausa silenciosa. Un silencio incómodo. Pero a fray Domingo no le incomodaban los silencios. Le gustaba ver las expresiones confusas de aquellos frente a él. Le divertía.

—Pues bien, creo que visitaré la imprenta de El Prado. Además, justo a las afueras de la villa está el monasterio de San Pablo Apóstol. Conozco al abad Ricardo. Es un hombre enteramente ortodoxo. Si alguien puede ayudarme en mi investigación, será él.

—Indudablemente, padre —dijo el alcalde.

—Pero no piense que me he olvidado de este pueblo —dijo el inquisidor—. Será mejor que mantenga los ojos bien abiertos, al igual que los oídos. Ese párroco que mora aquí tiene el corazón demasiado suave.

—¿El hermano Joaquín? Ha sido el párroco desde que tengo memoria —dijo el alcalde—. Es inofensivo.

—¡Exactamente! —elevó la voz el inquisidor—. La blasfemia no es inofensiva. Con la heterodoxia uno debe ser ofensivo, alcalde.

—Estoy totalmente de acuerdo. Tendré una charla con el párroco, se lo aseguro.

—Será mejor que lo haga si no quiere estar en la mira de la Inquisición, ¿o sí?

—¡Ni lo mande Dios! —espetó el alcalde. Luego, avergonzado, agregó—: Es decir, que la madre de Dios nos proteja de la herejía.

—Por su bien, y el bien de su pueblo, espero que así sea. Ahora quiero que atiendan bien a nuestros caballos, porque saldremos mañana temprano.

Tres

El siguiente día, por la tarde, fray Jerónimo se secaba el sudor de la frente con la manga de su colorio —su túnica—, mientras cortaba una tabla con un serrucho.

—De haber sabido que el sol estaría así de intenso, me hubiera traído el sombrero —dijo.

Su amigo fray Maclovio, que martillaba unas tablas, hizo una pausa.

—Un sol infernal.

—Le puedo asegurar, fray Maclovio, que el infierno será mucho peor que esto —le dijo el hermano Ignacio, un fuerte monje de tez morena que estaba encargado de las obras de caridad.

Por lo general, además de trabajar para sus maestros específicos, los novicios ayudaban en obras de caridad algunos días, después de la comida. Fray Ignacio los repartía por el pueblo para hacer diferentes actividades. En esta ocasión, ayudaban a un feligrés en la construcción de un granero.

—Tiene razón, fray Ignacio, no quise blasfemar.

—Si controla su lengua, podrá controlar todo su cuerpo —dijo fray Ignacio.

—¿*Santiago?* —dijo Jerónimo.

—Correcto. *Santiago* capítulo 3, versículo 2 —respondió el monje moreno—. Debería leer más las Escrituras, como su compañero, hermano Maclovio.

—Tiene razón, hermano Ignacio —respondió, aunque cuando se dio la vuelta, Maclovio hizo una mueca para que Jerónimo lo viera. Se rieron en silencio.

Regresó Bernardo, que había traído un poco de agua para sus compañeros en un cuenco de madera. Todos bebieron de buena gana.

—¿No le preguntaste si tenía algo de vino? —le susurró Maclovio a Bernardo.

—Tendré que hacerlo la siguiente ocasión.

Fray Ignacio se cruzó de brazos y miró a los tres jóvenes.

—Tengo que retirarme a atender algunos asuntos. ¿Puedo confiar que trabajarán este tiempo?

—Por supuesto, fray Ignacio —respondió Bernardo.

—Su respuesta no me trae confianza. Hermano Jerónimo, ¿usted vigilará?

—Lo haré.

El monje se retiró musitando algo entre dientes. No sonaba feliz.

Una hora después, los tres amigos trabajaban arduamente cortando y clavando tablas de madera. Este probablemente sería su trabajo para los próximos días, quizá semanas. La esposa del granjero les trajo un poco de pan y leche, junto con su hija, que no dejaba de sonreírle a fray Bernardo, quien intentaba esquivar su mirada. La granja se encontraba a una milla y media del pueblo. Desde allí podían ver tanto el pueblo como el camino principal que conducía al pueblo y salía de él. El Prado era relativamente grande, probablemente pronto se convertiría en una ciudad pequeña.

Encima de una colina, justo a las afueras del pueblo, se imponía el monasterio, donde sobresalía la cúpula de la iglesia por encima de las murallas. Así fue cómo pudieron divisar varios carruajes que se acercaban por el camino hacia el pueblo. Eran, por lo menos, unos seis carromatos resguardados por varios soldados a caballo.

—¿Y eso? —preguntó asombrado Maclovio.

—Hace mucho que no recibíamos una caravana así —dijo Jerónimo, al tiempo que hacía visera con las manos.

—Parecen los carros de la Inquisición —dijo Bernardo.

—¿Qué? ¿La Inquisición, aquí? —preguntó Jerónimo.

—¿Cómo lo sabes? —dijo Maclovio.

—¿Recuerdas mi viaje a Córdoba hace medio año? Allí vi esos carruajes de color negro. Y creo que reconozco el escudo del Tribunal del Santo Oficio, dibujado en la puerta.

—Yo no puedo ver nada —dijo Bernardo.

—Eso es porque tienes una vista pésima y yo de halcón —respondió Maclovio.

—¿Pero la Santa Inquisición, aquí? ¿En nuestro pueblo? ¿Por qué? —preguntó Jerónimo.

—Seguro que andan buscando luteranos —dijo Bernardo, divertido.

Jerónimo sintió un escalofrío que le recorrió la columna vertebral. ¿Buscando luteranos? *Es por la fe sola, hermano. Por la fe sola.* Las palabras retumbaron en su mente. ¿Y quién las había dicho? Alguno de los tres monjes, necesariamente. ¿Fray Sebastián, acaso? Lógicamente, por lo menos uno de ellos era hereje o estaba coqueteando con las enseñanzas protestantes.

—Amigo Jerónimo —le puso Maclovio una mano en la espalda—. ¿Estás bien? Te veo pálido.

—El sol me está poniendo malo —contestó rápidamente—. No sé por qué no traje mi sombrero.

—¿Y la capucha? —dijo Bernardo.

—No quiero ahogarme en mi propio sudor.

Se quedaron allí, de pie, mirando la caravana que se acercaba al pueblo.

—¿Creéis que buscan luteranos? ¿En el pueblo o... en el monasterio? —dijo Jerónimo, cuidadosamente, tratando de que su voz no le traicionara.

—¡En el monasterio! —exclamó fray Bernardo—. ¡Eso sería una locura! ¿Crees que si hubiera heterodoxos en el monasterio, no lo sabría ya el abad? Ese hombre a veces me parece que, como Dios, es omnisciente y omnipresente.

—¿Por qué lo preguntas? —dijo Maclovio, que miraba a su amigo con el ceño levemente fruncido.

—No lo sé. Pero no es descabellado. ¿No eran monjes jerónimos los que huyeron del monasterio de San Isidoro?

—Eso es cierto —afirmó Bernardo, serio—. Monjes y eruditos. Dicen que ahora escriben y publican panfletos con la teología de Lutero y del otro, ¿cómo se llama el francés?

—Calvino —dijo Jerónimo sin vacilar.

—Sí, él.

—Hermano Jerónimo —exclamó Maclovio—. No me asustes. Sabes mucho sobre los protestantes.

Jerónimo se estremeció por dentro. Sí, él también creía que el monasterio era ortodoxo. Sin embargo, había un pequeño secreto que no había compartido con nadie, un secreto sobre tres libros escondidos... Jerónimo miró a Maclovio y sacudió la cabeza.

—El problema es que eres un cabeza de chorlito. ¿Quién no va a saber el nombre de los cabecillas protestantes? Solo alguien que no lee.

Bernardo abrazó por el hombro a Jerónimo y, con una tremenda sonrisa, dijo:

—¿Qué, amigo Maclovio, no pensarás que nuestro erudito aquí es heterodoxo? —y lanzó una tremenda carcajada.

Maclovio se rio también.

—No, Jerónimo es más católico que el abad.

Los tres se rieron.

—Si tuvieran que apostar por un hermano que fuera heterodoxo, ¿quién sería? —preguntó Bernardo, y regresó a sus labores.

—Amigo, ni siquiera digas eso —respondió Jerónimo.

—Vamos, vamos. Es tan solo una broma.

—Puede que sea una broma —dijo Jerónimo—, pero por palabras así se crean rumores. Y son los rumores los que traen a la Santa Inquisición a las puertas de un pueblo... o monasterio.

—Yo apostaría por fray Ramón —dijo Maclovio.

—¿El cillero? —preguntó Bernardo—. ¿Por qué?

—Porque es un hombre simple. No sabe nada de teología. Y dicen que solo los simples se hacen luteranos.

—Fray Ramón, un heterodoxo. Qué divertido pensamiento —agregó Bernardo clavando una tabla.

—No le encuentro mucho la gracia —apuntó Jerónimo.

—Tienes un pésimo sentido del humor —le replicó Bernardo—. Además, ¿de qué te preocupas? En nuestro monasterio no hay más que católicos apostólicos romanos de hueso colorado, comenzando por ti.

Jerónimo miró hacia el monasterio.

«No estoy tan seguro de eso», pensó, aunque no lo dijo.

Quattuor

Fray Domingo salió de su carruaje y admiró el monasterio de San Pablo Apóstol. Entró y frente a él se extendía el claustro, con la gran biblioteca anexada, y la iglesia a la derecha. El lugar estaba limpio, y sabía que así sería en todo el monasterio, porque había pocos abades tan disciplinarios como fray Ricardo. Abad que, por cierto, se acercaba a él con los brazos extendidos, seguido por el prior, probablemente el tesorero y otros monjes.

—Bienvenido a nuestro hogar, hermano Domingo —dijo el abad.

Se dieron el beso de la paz en las mejillas.

—He oído muchas cosas de San Pablo Apóstol.

—Pero hermano, si vos ya nos habías visitado...

—Hace muchos años, abad. Cuando vuestra merced era el prior.

—Y vos erais el secretario del antiguo gran inquisidor, que en paz descanse.

—Así es. Los años han pasado, pero han sido benéficos contigo, hermano abad.

—Hemos preparado los aposentos. Síganme y los llevaré. No se preocupen por los caballos y los carruajes, fray Gabriel se encargará.

—Muy amable, abad. Rómulo se encargará de mis cosas personales.

El grandote inmediatamente se puso en acción.

—Vos, señor inquisidor, dormirá en la habitación principal. Tiene su propio baño, y está preparado, por si quiere lavarse antes de la cena —ofreció el abad.

El inquisidor caminó junto al abad, un hombre alto que caminaba seguro, bien erguido. Tenía el cabello blanco, una nariz romana y unos ojos más bien grises. Un hombre perfectamente católico, ¿no? Probablemente, pero el inquisidor no se fiaba de nadie.

Un par de horas más tarde, después de darse un buen baño y descansar un poco, fue al refectorio para disfrutar de la comida. Se encontraba en una de las alas del claustro, la izquierda, y era una sala bastante grande. Las mesas se alineaban a lo largo de las paredes, con la mesa principal en uno de los extremos, donde comía el abad, el prior a su izquierda, y más allá el tesorero. A la derecha estaba el inquisidor, su secretario fray Junio, y el bibliotecario —un monje joven para su posición—. Después de leída una lectura bíblica, y la oración, se sirvió la comida.

—Debo felicitarle, hermano abad, por tener una comida tan espléndida aunque le avisé con muy poco tiempo de nuestro arribo —lo halagó fray Domingo, en voz baja, puesto que las comidas normalmente ocurrían en silencio. Sin embargo, esa regla ese exceptuaba algunas veces para los visitantes.

—Tengo la fortuna de tener a mi servicio al hermano Ramón. Además de que este es un pueblo muy generoso. Los feligreses siempre nos dan muchos donativos. Además de los alimentos que nosotros mismos cultivamos.

Le dio un sorbo a la copa de vino.

—¿Es un buen pueblo, este, hermano abad?

Un joven monje entró al refectorio. El abad lo llamó y le pidió que trajera más vino en la jarra. Luego le respondió al inquisidor.

—Muy bueno, fiel y cuidadoso.

—Eso es bueno, hermano. He viajado por todo el sur de España, y hay algunos pueblos que..., ¿cómo decirlo?, dejan mucho que desear.

—Hemos sido bendecidos —dijo el prior, de nombre Adulfo, sentado a la izquierda del abad. Luego continuó hablando de todas las bondades de los católicos que vivían en los alrededores.

Llegó el joven con la jarra de vino, un joven de ojos verdes, quien comenzó a rellenar su copa.

—¿Ningún heterodoxo, supongo? —dijo el inquisidor.

Todos hicieron una breve pausa. Incluso los monjes sentados en las mesas más cercanas miraron en su dirección, de reojo, para no traicionarse.

El joven monje no pudo evitar tirar un poco de vino en la mesa, del sobresalto.

—¿Heterodoxos, aquí? —dijo el abad Ricardo con un tono de sorpresa—. ¡Imposible!

—¿Qué le hace pensar que pudiera haber aquí heterodoxos, padre? —preguntó el joven bibliotecario, a quien le habían presentado como fray Sebastián.

—Nada concreto, hermano, no se preocupe —respondió el inquisidor, lanzándose un par de uvas a la boca y masticándolas con decisión—, pero acabo de quemar a un luterano en un pueblo no lejano.

—¿Pero eso qué tiene que ver con nuestro pueblo, fray Domingo?

—Nada, abad, nada concreto, como dije.

—Ya veo.

—Excepto... —hizo una pausa, prolongada.

—¿Excepto? —aventuró el abad.

—Excepto que el hereje mencionó este pueblo. Y le encontramos algunos panfletos luteranos. Y creo recordar que hay una imprenta en este pueblo.

—Fray Jerónimo, puede retirarse —le dijo el abad al joven con el vino—. Tiene razón, está la imprenta de Navarro.

—Pero conocemos bien a Juan de Navarro —dijo fray Sebastián—. Difícilmente podría estar imprimiendo material protestante.

—Mis queridos hermanos, no tienen nada de que preocuparse. Simplemente visitaré la imprenta, para hacer unas preguntillas. Y si fuera necesario, proclamaré el «edicto de fe».

El abad Ricardo, que normalmente siempre tenía una actitud controlada, se giró para verlo, con ojos incrédulos. Fray Domingo le sostuvo la mirada.

—¿Un «edicto de fe»? ¿Aquí? —exclamó el abad con tal volumen que muchos monjes no pudieron evitar mirar hacia la mesa principal.

El inquisidor tomó con ambas manos la mano derecha del abad, que tenía cercana.

—Abad Ricardo, no hay razón para exaltarse. Esto sería necesario solamente si tenemos alguna sospecha de que pudieran circular algunas ideas contrarias a nuestra fe en el pueblo. Es solo una precaución. Nada más —agregó—. Además, yo sé que vuestra merced no se opone a que el Santo Oficio cumpla con la misión que le ha encomendado el papa y, por ende, Jesucristo mismo.

El abad Ricardo recobró la compostura.

—Por supuesto que no, fray Domingo. Nosotros seríamos los primeros en señalar a cualquiera que se desvíe de nuestra fe católica.

—Como debe ser, abad, y como sé que vuestra merced actuará, no me queda ninguna duda.

—Me sorprende, excelentísimo padre —dijo el bibliotecario—, que siquiera sospeche de este pueblo. Un pueblo que siempre se ha distinguido por su servicio a la Iglesia.

—Se sorprendería, querido hermano, si supiera el tipo de pueblos en donde he encontrado blasfemias. Normalmente en los lugares menos esperados. Los luteranos se esconden a simple vista.

—¿Luteranos, aquí? —dijo el prior—. ¡Los pueblerinos apenas pueden leer!

—No se necesita saber leer para ser un hereje, prior. Solo se necesita que *uno* sepa leer, y propague sus ideas a otros.

—Pues bien —dijo el abad—. Estoy seguro de que después de visitar a Navarro, se convencerá de la ortodoxia de este pueblo.

—Pido a Dios que así sea. De lo contrario, no se preocupe, hermano. Encontraré la herejía, y la destruiré por completo.

Quinque

Jerónimo caminaba hacia la iglesia para el canto de vísperas —el cual se celebraba tras la puesta del sol— cuando fray Sebastián le pidió que al terminar la cena le ayudara a mandar unos mensajes. Jerónimo le dijo que sí.

Durante el rezo no pudo concentrarse. Sus pensamientos se veían asaltados por lo que logró escuchar cuando se acercó a la mesa del abad. El inquisidor, entonces, había llegado al pueblo por una razón muy específica: sospecha de herejía.

La Inquisición ponía a temblar a cualquiera. Pero que sucediera en un monasterio, era especialmente escandaloso. Hacía poco menos de quince años, no muy lejos de allí, un grupo de monjes huyeron del monasterio de San Isidoro, acusados de herejía. El nombre de los cabecillas eran Casiodoro de Reina y Cipriano de Valera, dos monjes eruditos. Se rumoreaba que habían escrito varios libros en contra de la Iglesia católica, algunos de ellos bajo seudónimo. Aunque el rumor más persistente era que estaban editando una Biblia en castellano. Eso, por supuesto, era blasfemia. ¡Los sagrados textos, en el idioma vernáculo! Cualquier indocto podría leer las Escrituras santas, malinterpretarlas y mandar su alma al infierno. Se persignó solo de pensarlo.

Después de vísperas fue la cena, que se condujo en absoluto silencio. Al salir, antes de ir con fray Sebastián, Jerónimo se reunió con Maclovio y Bernardo.

—Supongo que oyeron al inquisidor —dijo Jerónimo.

—¿Quién no? Es de lo que susurran todos —replicó Bernardo.

—Nunca he estado en un edicto de fe —confesó Maclovio—. ¿Vosotros?

—Yo sí —respondió Jerónimo—. Pero fue hace mucho tiempo, no lo recuerdo bien. Solo sé que el inquisidor habla después de la misa, da una lista de herejías y pide información de los congregantes.

—Eso he oído igualmente —dijo Bernardo.

—Vaya días en los que estamos viviendo —agregó Maclovio.

—Bien, amigos, buenas noches —se despidió Jerónimo.

—¿No irás a dormir? —preguntó Maclovio.

—Todavía no. Tengo algunas cosas que hacer.

⚜

El palomar se había construido en el techo de la iglesia. Pocas personas tenían acceso a él, solo el abad, el prior, fray Sebastián y un par de personas más. Puesto que fray Jerónimo asistía a fray Sebastián en varias de sus responsabilidades, eso incluía, a veces, ayudarlo a mandar mensajes por medio de las palomas. La puerta que daba al techo estaba abierta. Encontró allí a fray Sebastián. Estaba cerca del borde, con las manos en la espalda, mirando hacia el pueblo. La luna, por encima de él, lanzaba su luz plateada.

Jerónimo se aclaró la garganta.

—Hermano Jerónimo —dijo el bibliotecario dándose la vuelta—. No te escuché venir. Te tardaste.

—Lo siento, fray Sebastián. Vine lo más rápido que pude.

—Más rápido a la próxima, hermano. No me gusta perder el tiempo.

—No volverá a suceder.

Fray Sebastián sacó cinco pequeños rollos de papel, que pidió a Jerónimo que amarrara en las palomas.

Mientras lo hacía, fray Sebastián regresó a mirar al pueblo, como si fuera un vigía esperando noticias de la guerra.

—¿Hermano Sebastián?

El bibliotecario lo miró.

—Pude escuchar un poco la conversación del inquisidor, en la cena.

Fray Sebastián arqueó las cejas.

—No es una buena costumbre escuchar conversaciones ajenas, hermano Jerónimo.

—No fue mi intención. Simplemente estaba allí cerca.

—Tienes razón —asintió—. Traías el vino. Estabas cerca. De todas las maneras, el inquisidor se encargó de que todos escucharan.

—Lo mismo pensé. Me pareció que lo hizo... ¿a propósito?

—Así obran los inquisidores —pronunció con desdén—. Intimidación. El miedo es una poderosa arma. Sobre todo un arma en contra de la búsqueda libre de la verdad.

—¿Pensamiento libre, hermano Sebastián?

El jefe del *scriptorium* se acercó.

—No estoy hablando de pensamientos contrarios a Dios. El mismo san Agustín afirmó que todo aquello que es verdad proviene de Dios. Por lo tanto, podemos deducir que la búsqueda libre de la verdad nos llevará indudablemente al Dios de la verdad.

—Pero ¿quiénes somos nosotros para buscar la verdad libremente? Para eso nos guía la Iglesia.

—¡Por supuesto! Pero la Iglesia es guiada por Dios mismo. Y es la Iglesia la primera que debería defender la búsqueda de la verdad. Hay muchos, incluso dentro de la Iglesia, que estarían dispuestos a defender esta libertad, laicos, monjes, incluso nobles y poderosos.

—¿Nobles?

—¡Por supuesto!

—Sin embargo, Dios nos ha dado la tradición y el magisterio para cuidarnos de caer en el error.

Fray Sebastián sonrío.

—¿Has leído a los padres de la Iglesia, hermano Jerónimo?

—Sí...

—Yo sé que sí. He visto que los lees abundantemente. Lees a los padres, lees los concilios. Entonces te pregunto, ¿están en lo correcto en todo?

—No en todo, no.

—¿Por qué?

—Porque eran humanos, supongo.

—Así es. Eran humanos, cometieron errores porque fueron humanos falibles interpretando la Escritura infalible. Solo la Escritura es sin error.

—¿Pero la tradición...?

—¿Qué tradición? ¿Cuál de todas?

—Aquella que el magisterio ha dicho que es la correcta.

—Pero si los grandes padres se han equivocado antes, ¿se pudiera equivocar también el magisterio?

—No.

—¿No?

—No sé. Pienso que hoy en día, no.

—Admiro tu fe en el magisterio, hermano.

—¿Vuestra merced no tiene fe en el magisterio?

—Primeramente, mi fe está en la Escritura.

Jerónimo soltó la primera paloma, la cual desapareció en la noche. Con mucho cuidado dijo:

—¿No es eso lo que dicen los luteranos?

—¡Bah! Los luteranos, los calvinistas. ¡A quién le importa lo que digan ellos! —fray Sebastián lo escrutaba, con una mirada penetrante—. Lo que importa es lo que diga Dios —dijo apuntando al cielo.

—En eso estoy completamente de acuerdo —tomó una paloma y le acaricio el cuello, distraído—. ¿Cree que el inquisidor encontrará alguna herejía?

El bibliotecario resopló.

—Ese hombre encontraría herejía en las palabras de su propia madre, si eso lo acercara más al poder.

Un cuarto de hora después, acostado en su cama, Jerónimo intentó dormir, pero no pudo. Tuvo un sueño atribulado.

Sex

El inquisidor se bajó del carruaje y contempló la casa frente a él. Un rótulo de madera, colgado de un poste, anunciaba «Imprenta Navarro». Era una mañana fresca. Había decidido visitar al impresor justo después del desayuno. No tenía sentido perder mucho tiempo. Si era afortunado, encontraría lo que buscaba rápidamente, y podría retirarse de este pequeño pueblo.

Dentro lo esperaba don Juan de Navarro, sentado en una silla de madera, flanqueado por un par de soldados que fueron a buscarlo temprano a su casa, y lo llevaron allí. Era un hombre flacucho, de cara huesuda y ojos nerviosos.

«Ojos de un hombre que algo oculta», pensó fray Domingo.

El inquisidor se sentó frente al hombre. Lo suficientemente cerca para incrementar su nerviosismo. Se inclinó hacia adelante.

—Una bonita imprenta tenéis por aquí.

El impresor levantó la mirada.

—Gracias, padre. Una imprenta más bien humilde.

Lo era. Esta era una imprenta de pueblo. Probablemente se producían allí algunos panfletos, noticias del pueblo, anuncios... quizá un libro o dos al año, como mucho, y con tiradas muy pequeñas.

—Una imprenta honesta —dijo el inquisidor.

—Totalmente. Completamente honesta. Solo imprimo cosillas, casi todo viene de encargos del alcalde o el comisario. Edictos, más que todo.

—¿Panfletos?

—Algunos, sí, pero muy pocos.

—¿Como cuáles?

El impresor vaciló.

—Pues, publicamos un par de poemas de un poeta local; un ensayo sobre la importancia de nuestro planeta como centro del universo. Todo aprobado por la Iglesia.

Fray Domingo se acaricia la barba. Siempre la mantenía corta y bien delineada.

—En otras palabras, todo lo que publica es enteramente ortodoxo.

—Por supuesto que sí, excelentísimo padre. Que Dios maldiga a los herejes, ¿no?

El inquisidor se encogió de hombros.

—Entonces no hay nada que me quiera decir. Nada que confesar.

—El que nada debe nada teme, dicen —dijo el impresor. Intentó reírse, pero fracasó.

El inquisidor prosiguió.

—Sabrá usted que, cuando una persona confiesa sus pecados al Santo Oficio, su confesión es muestra de un corazón contrito. Por lo tanto, tomamos esa confesión como señal de un corazón penitente.

El impresor tragó saliva y miró de soslayo al soldado que tenía a su izquierda, ligeramente detrás de él.

—Sin embargo, cuando una persona no confiesa su pecado, sino que el pecado es extraído bajo interrogatorio, la cuestión es muy diferente. *Completamente* diferente. Por la sencilla razón de que el periodo de gracia se ha acabado —fray Domingo miró a su alrededor, como admirando la pequeña casa de imprenta. Luego se inclinó hacia adelante con la cabeza ladeada—. Entonces le pregunto de nuevo: ¿nada que confesar?

Don Juan de Navarro trató de hablar, pero tenía la boca seca. «Nada», musitó. El inquisidor chasqueó con la boca.

—Pues se me hace raro, porque ayer por la noche uno de mis soldados estuvo merodeando por aquí. Me dijo que vio algo de humo saliendo de su patio. Así que se tomó la libertad de asomarse, y vaya sorpresa que se llevó al ver que usted encendía un fuego.

El impresor abrió los ojos grandes.

—Ayer... ayer hacía un poco de... frío, padre. Solo... me calentaba un poco.

—¿Con papel en lugar de leña?

—¿Papel?

—Sí, papeles. El fuego lo encendió con papel, papel de su imprenta, y no usó la leña que tiene en la esquina del patio. Curioso, ¿no le parece?

El hombre respiraba pesadamente.

—¡Ah! Ya recuerdo. Sí. Con algunos papeles que ya no me servían. Nada importante. Era basura. Eso hago una o dos veces al mes. Ya tocaba.

—Oh, ya entiendo, quemaba la basura.

—Sí, excelentísimo padre.

—¿A medianoche?

—Sí.... padre.

—¿No me dijo que estaba calentándose del frío?

—Las dos cosas, mi señor. Dos pájaros con el mismo golpe.

El inquisidor se puso de pie y levantó ambas manos.

—¡Un hombre ingenioso tenemos aquí!

Su secretario, el escribano y los dos soldados se rieron. El inquisidor dio vueltas por un par de minutos, perdido en sus pensamientos. El impresor lanzaba miradas aterradas, como un ratón en medio de gatos hambrientos que se tomaban su tiempo para jugar con la presa.

Fray Domingo se detuvo y se cruzó de brazos.

—¿Sabe?, cuando usted se retiró ayer por la noche, mi soldado brincó la barda para examinar lo que había quemado. ¿Sabe qué encontró?

El impresor tenía los ojos desorbitados.

—¿Nada?

El inquisidor dio un aplauso, fuerte, y Juan de Navarro dio un salto en su silla.

—¡Exactamente! Nada. Absolutamente nada. Usted se encargó de que todo se quemara. ¿Sabe qué me dice eso?

El hombre negó con la cabeza, temblando.

—Me dice que esconde algo, estimado señor. Cuando llego a un pueblo, lo primero que hago es espiar las imprentas. Aquellos que tienen algo que ocultar, siempre lo hacen esa primera noche. Es extraño. Todos lo hacen igual.

—Pero, excelentísimo padre, yo no tengo nada que esconder, mi imprenta solo sirve al pueblo y solo imprime lo que la Iglesia apostólica romana y nuestro bendito papa permite...

No pudo terminar de hablar, porque como un gato que se lanza sobre su presa, el inquisidor dio dos pasos y le propinó una tremenda bofetada.

—¡No mencione a su santidad! ¡Deja de blasfemar, hereje!

El pobre hombre comenzó a gemir, retorciéndose en su silla.

—Te he dado la oportunidad de confesar. Pero puesto que has desechado la gracia de Dios, ahora tendremos que hacerlo de otra manera.

—¿Otra manera? ¡No! Señor, tengo familia, tengo hijos, tengo a mi padre en casa...

—¡Guarda silencio! Debiste pensar en eso antes de publicar tus herejías —luego se dirigió a los soldados—: Llévenlo al monasterio. Lo interrogaremos allí.

Se dio la media vuelta y, antes de entrar al carruaje, escuchó los gritos despavoridos de don Juan de Navarro.

Septem

El *scriptorium* tenía tres ventanales que daban al patio de enfrente, desde donde se avistaba la entrada al monasterio. Fue allí por donde fray Jerónimo vio llegar a los tres carruajes del Santo Oficio, que habían salido por la mañana rumbo al pueblo.

Se levantó y fue a la ventana para ver mejor. De los carruajes descendieron varias personas, incluyendo el inquisidor y su secretario, un joven de cabello rubio quizá de su misma edad, que, aunque no había cruzado palabras con Jerónimo, le daba mala espina.

Traían con ellos a un prisionero. El hombre estaba encadenado e iba flanqueado por dos soldados. Tenía una actitud de derrota. Había oído, por medio de uno de los hermanos monjes, que fray Domingo solicitó usar una habitación del claustro que no se usaba.

Dos horas antes presenció cómo varios soldados del inquisidor y algunos otros ayudantes, incluyendo cinco monjes del monasterio, bajo la supervisión del prior, trasladaban varios utensilios a ese cuarto. Utensilios de tortura.

—¡Qué espanto! —murmuró fray Bernardo, que estaba junto a él, al ver algunos instrumentos.

—Siempre que los veo me causan la misma impresión: un escalofrío interno —dijo Jerónimo.

No reconoció todos los utensilios, pero sí algunos, los más conocidos. Llevaron un aplasta-cabezas de metal; el potro, que era una plancha de madera en la que ataban al condenado y lo estiraban hasta dislocarle las extremidades; un garrote vil, formado por un asiento de madera con un anillo a la altura del cuello que se usaba para romper el cuello; una silla de picos; por último, una rueda de tortura, hecha también de madera. Esos aparatos, además de otros, los había traído la Inquisición en un carromato grande. De esa manera, donde quiera que iban, llevaban las «herramientas de santificación».

—¿Qué piensas? —le había dicho Bernardo, apuntando con la cabeza al cuarto que ahora era de tortura.

—A veces, para salvar un alma del infierno se necesitan métodos como estos —respondió Jerónimo, con tristeza en la voz.

Ahora, desde el cuarto de escritorios, contempló cómo llevaban al hombre en dirección al claustro, indudablemente al cuarto del terror.

«Dios tenga piedad de su alma», pensó.

Regresó a sus estudios. Una hora después, decidió devolver uno de los libros, el *Libri quattuor sententiarum*, y tomar otro.

Fray Sebastián no estaba en su escritorio. Él tenía las llaves de la biblioteca. No se le veía por ningún lado del *scriptorium*. Aunque normalmente no era buena idea entrar a la biblioteca sin pedir permiso, fray Jerónimo lo hacía de vez en cuando, puesto que muchas veces fray

Sebastián le pedía hacerlo para traer o llevar libros. La puerta de la biblioteca estaba, por fortuna, abierta. Algunas veces fray Sebastián la dejaba así. Entró. No podía evitar un sentimiento de reverencia cada vez que franqueaba esa puerta. Después de la iglesia, este era para él el lugar más santo. No solo para él, sino probablemente también para la gran mayoría de los monjes. Después de todo, eran ellos los guardianes de los libros, quienes durante siglos se habían encargado de copiar las Escrituras, y no solamente ellas, sino también incontables códices. Si no fuera por ellos, ¿cuánto conocimiento se habría perdido? ¿Cuántos misterios habrían quedado enterrados para siempre?

Tomó una lámpara de una mesa, la encendió con el pedernal que allí estaba, y caminó por los pasillos. La sección de donde había tomado el libro, escrito por el erudito Pedro Lombardo, estaba en el tercer piso. Llegó a la esquina y subió por la escalera de caracol. Esa planta transmitía una sensación de amplitud por el alto techo. Se dividía en diez cuartos pequeños cerrados con llave —con un número en latín grabado en la puerta, para identificarlos—, donde uno o dos solo podían ser abiertos por el abad. Los rumores decían que en algunos se encontraban libros frágiles que se remontaban a los primeros siglos después de Cristo, algunas reliquias, e incluso libros prohibidos que solamente los monjes con mucho tiempo en el monasterio podían leer. De vez en cuando recibían la visita de algún doctor de las Escrituras, el cual trabajaba en uno de estos cuartos en particular, o pedía examinar algún libro prohibido bajo el permiso expreso del abad. Mientras pasaba junto al cuarto *septem*, creyó haber oído algo metálico dentro.

«Imposible», pensó.

Como asistente del bibliotecario, Jerónimo había recorrido cada rincón de la biblioteca. La conocía como si fuera su propia habitación, cada sección, cada pasillo, cada recoveco, incluso aquel rincón olvidado, con un estante alto, en donde reposaban tres libros prohibidos... libros que, alguna vez, había abierto.

A lo lejos escuchó voces cuchicheando. Llegó al rincón indicado y regresó el libro. Se quedó viendo los códices. Algunos tenían el nombre de la obra inscrita en el dorso, y otros, más antiguos, no. Fray Sebastián, por supuesto, tenía el registro de todos los libros, excepto de los secretos. De acuerdo con el bibliotecario, el abad conocía el nombre de los libros secretos de memoria. No había registro de ellos en ningún lugar.

Curioseó por los estantes. Allí estaba *Cur Deus Homo*, de Anselmo, al igual que *De sacramentis ecclesiae*. Prácticamente todo lo que san Agustín había escrito. Varios libros de Bernardo de Clairvaux, como *De gratia et libero arbitrio* y *De diligendo Dei;* las *Cartas a Serapio,* de San Atanasio, y los libros en defensa de la Trinidad de San Gregorio.

Y esos eran algunos títulos que reconocía. Al mirar a su alrededor, no podía evitar sentirse abrumado. Ni siquiera si se pasaba toda su vida leyendo podría terminar de leer un quinto de todos los libros en la biblioteca. ¡Cuántos libros! ¡Cuán breve la vida!

Recordó una homilía de fray Sebastián en la que proclamó que en el reino de Dios podrían leer todo el tiempo que quisieran. La frase fue particularmente controvertida entre los monjes más viejos, quienes decían que si la lectura era un placer carnal, Dios no la permitiría en su reino.

Pero a Jerónimo le gustaba pensar que Dios tendría una biblioteca gigantesca, con todas las obras escritas en la historia de la humanidad, excepto aquellas prohibidas por la Iglesia, por supuesto.

—... *si el inquisidor... en problemas...* —escuchó. Se había olvidado de las vocecillas, pero aparentemente uno de los interlocutores se exaltó un poco, pues logró distinguir esas palabras. Palabras que, por supuesto, le llamaron la atención. Decidió hacer algo que, si no tenía cuidado y lo descubrían, parecería muy sospechoso: apagó la lámpara. Se vio rodeado de oscuridad. Aunque la biblioteca tenía varias ventanas eran más bien pequeñas y ninguna estaba cerca. Jerónimo, cuidadosamente, sin hacer ruido, se acercó hasta el lugar de donde provenían las voces. Eran dos monjes que hablaban. No los podía ver debido a que los ocultaba un estante lleno de códices y pergaminos. Solo veía sus sombras por debajo del estante, pues tenían encendida una o dos lámparas.

—No, no debemos hacer nada apresurado —dijo el primero—. Cualquier cosa podría ser interpretada como sospechosa.

—Pero el inquisidor... ya tiene a Navarro. ¿Cuánto tiempo pasará antes de que hable? —preguntó el segundo, que hablaba en voz más baja.

—¿Y qué le va a decir? Hemos sido cuidadosos.

—¿Pero lo suficiente?

—Sí. No conoce al grupo. No sabe nada de ninguno de nosotros.

«¿Nosotros?», pensó Jerónimo. «¿En plural?».

—Está bien —dijo el segundo después de una pausa—. ¿Entonces proseguimos?

—¡Por supuesto! Estamos haciendo la obra de Dios, hermano. La obra del avivamiento —hubo una pausa... luego— dejaremos todo en donde el oso lo buscaría.

—Entendido. ¿Hoy?

—Sí. Por la noche.

Se escucharon los pasos de uno de ellos, retirándose.

Jerónimo, que hasta ese momento permaneció congelado, se atrevió a estirar el cuello para ver si lograba ver por entre los libros. Lo hizo, y casi dio un alarido. Iluminado por la luz de la lámpara, reconoció el semblante de fray Sebastián.

Octo

—Esta carne es exquisita —dijo el inquisidor. Frente a él, amarrado de pies y manos en el potro, estaba don Juan de Navarro. Le habían quitado prácticamente toda la ropa, dejando en evidencia a un hombre huesudo. Una capa de sudor le cubría la piel. Cerraba los ojos y musitaba algo, probablemente algún rezo.

—No sé qué tengo yo con la carne —continuó—. Supongo que soy carnívoro. ¿Vos, don Juan? ¿Qué le gusta más? ¿La carne? ¿El pollo? ¡No me diga que el caldo de verduras! El abad tiene un buen cocinero —dijo apuntando a fray Ricardo con un pedazo de carne.

El abad estaba en una esquina oscura, con los brazos cruzados. No tenía injerencia en los asuntos de la Santa Inquisición, pero puesto que el interrogatorio sucedía en su abadía, estaba haciendo acto de presencia.

El preso no respondió, sino que siguió hablando para sí mismo. El inquisidor esperó un poco, se exasperó, y le hizo una señal con la cabeza al médico. El médico, que supervisaba las torturas para asegurarse de que el sujeto no muriera en sus manos —pues la ejecución la hacía la

Corona—, se acercó a don Juan y le dio dos leves cachetadas, como para despertarlo.

—Vamos, hombre, contéstele al inquisidor.

El hombre no respondió. Rómulo dio dos pasos, y ahora fue él quien le propinó la cachetada, más bien un golpe. El preso abrió los ojos y gritó de dolor. El inquisidor le repitió la pregunta.

—Pollo, mi señor, pollo —respondió.

Fray Domingo se limpió los dientes con la lengua.

—Sí, usted se me figura un hombre al que le gusta la carne blanca —dijo agitándole el dedo índice—. Verá, don Juan de Navarro, hay dos tipos de personas en este mundo: los cazadores y las presas. Así como en el mundo animal, lo mismo en nuestro mundo. Así lo ha diseñado Dios. ¿No, abad?

El abad guardó silencio.

Fray Domingo retiró con las manos el plato ya sin comida, se puso de pie, chascó los dedos, e inmediatamente fray Junio le acomodó una silla cerca del capturado, a la altura de su cabeza.

—No le voy a preguntar, querido amigo, si es cazador o presa. Porque todos aquí lo sabemos, incluso vos —lanzó un «¡ah!»—; pero en lo que quiero que piense es en ¿cuánto tiempo puedes permanecer siendo presa?

—Excelentísimo padre, ya se lo he dicho. Juro por Dios que todo lo que he dicho es verdad.

—Tu juramento no vale nada. Quiero que me digas lo que sabes o lo exprimiré de tu cuerpo. Te lo sacaré en medio de los gritos.

El hombre comenzó a temblar.

—Piensa en tu esposa, que en este momento debe estar desconsolada. Piensa en la alacena, ya casi sin comida.

Piensa en tus hijos hambrientos. Piensa en tu esposa y tus pequeños, mirándote mientras ardes en la hoguera, mientras gritas de dolor, mientras se achicharra tu carne.

—No, nooo, nooo...

—¿No quieres eso?

—No, excelencia, no quiero eso.

—¿Quieres que el verdugo aquí apriete más las poleas? El hombre aulló un «no». El inquisidor se acercó a la cara.

—Entonces dime quiénes son los herejes.

Don Juan de Navarro cerró fuerte los ojos y apretó los labios. El inquisidor reconoció que estaba a punto de quebrarse, a punto de hablar. Este era un hombre sencillo. No era un soldado, o un hombre que le gustara la pelea. Tampoco era un revolucionario. Tan solo lo torturaron un poco y gritó como si se le saliera el alma.

—Está bien, mi señor. Hablaré. Pero por favor, perdóneme la vida.

—Primero debes hablar, amigo mío. Después decidiré; pero mientras más hables, más gracia se te otorgará.

Resignado, don Juan relató, en voz baja, pero suficientemente fuerte para que el escribano registrara todo lo que dijo.

—Desde hace un año imprimo textos prohibidos por el Santo Oficio.

—¿Qué tipo de textos?

—Panfletos, principalmente.

—¿Como cuáles?

—Diferentes tipos.

—Dame ejemplos.

—Dos capítulos de *La esclavitud de la voluntad*. El *Tratado sobre reliquias*. Y... *Algunas artes de la Santa Inquisición hispánica*.

Fray Domingo se puso de pie como si le hubieran incrustado un aguijón en la espalda. Todos los que estaban en el cuarto, los dos soldados, el médico, fray Junio, el escribano y el abad mismo estaban atónitos ante lo que escucharon. Estos no eran panfletos herejes cualesquiera. Todos y cada uno de ellos pertenecían a heresiarcas, a «padres de herejes»: el primero a Martín Lutero, el segundo a Juan Calvino, y el tercero a un tal Reginaldus Gonsalvius Montanus, que todos sabían que era el monje jerónimo más buscado por la Inquisición: Casiodoro de Reina.

Era ahora fray Domingo quien temblaba.

—¿Un año? ¿Has estado publicando esto durante un año?

Don Juan asintió.

Tan solo pensar en cuántos panfletos se habrían publicado en todo ese tiempo, cuánta herejía diseminada por todo el reino, ¡y bajo sus narices! ¡En su territorio! ¡Un año!

Si el gran inquisidor se llegaba a enterar, todas sus aspiraciones a esa posición quedarían en el olvido. Se acarició la barbilla.

—¿Cómo puede ser que haya sucedido por tanto tiempo? ¡No es posible!

—Es muy cuidadoso el que me ha encargado las impresiones. Y tiene mucho dinero.

Perdiendo la cordura, el inquisidor agarró a don Juan por el cuello y lo apretó con fuerza.

—Dime su nombre, dime quién es.

—No-lo-sé —logró decir.

—Mientes.

—Así no podrá hablar, mi señor —aventuró a decir el médico, al dar un paso.

Fray Domingo le lanzó una mirada de muerte, el médico retrocedió el paso. Le soltó el pescuezo.

—Nunca le he visto el rostro.

—Mientes.

—Le digo que es cuidadoso. Siempre lo veo por las noches. Siempre trae la cara cubierta. Habla en susurros. No podría distinguir su voz.

El inquisidor lanzó en voz alta una maldición tan horrible que todos se estremecieron. Incluso el abad frunció el ceño. A fray Domingo le temblaban las mejillas de ira.

—Si no me das algo más, hereje, te juro por todos los ángeles, y por el cuerpo de mi madre, que voy a quebrarte todos y cada uno de tus huesos, hasta los más pequeños.

—El alcalde, señor mío...

—¿El alcalde? ¿Qué pasa con el alcalde?

—El alcalde sabe.

—¿El alcalde es parte de esto? ¡Qué clase de pueblo es este! —miró al abad, quien le sostuvo la mirada.

—No, mi señor, el alcalde no es parte de esto, pero él sabe. Yo se lo dije.

—¿Hace cuánto tiempo se lo dijiste?

—Unas dos semanas.

El inquisidor se quedó allí de pie, en silencio, pensando, atribulado, planeando su próximo movimiento, sabiendo que si quería salvar su reputación tendría que actuar rápido y sin misericordia.

—Traigan inmediatamente al alguacil. Este hombre es reo de muerte.

Indiferente a las peticiones de misericordia, se acercó al abad.

El abad Ricardo tenía el rostro impasible, pero incluso en la oscuridad del cuarto, iluminado por la chimenea y algunas antorchas, pudo ver que estaba pálido.

—Este pueblo está lleno de herejes, abad.

—Eso es imposible.

—Ya escuchó al hereje.

—Simplemente no lo puedo creer.

—Pues créalo. Y si quiere conservar su abadía, será mejor que me ayude a encontrar a todos ellos.

Novem

Después de rezar completas, Jerónimo se fue hacía los aposentos y entró en su celda. Cada monje tenía su propio cuarto, de dimensiones pequeñas que contenía una cama, una mesa, un buró, un baúl y un reclinatorio para orar. Su cuarto tenía una pequeña ventana que daba hacia afuera.

Se acostó. Pero no se durmió. Esa noche no tenía pensado dormir hasta descubrir lo que se traía fray Sebastián entre manos. Tan solo pensar en eso le causaba dolor en el corazón. El bibliotecario era un hombre a quien consideraba su mentor. Después del abad, era el monje más brillante y uno de los más inteligentes. Además, era piadoso y alegre. La alegría no era muy común en el monasterio, especialmente entre los monjes más viejos. Con algunas pocas excepciones, parecía que cuanto más tiempo pasaban en el monasterio, menos alegría sentían.

Por lo que había escuchado, fray Sebastián era culpable. Aun así, todavía conservaba esperanzas de que todo fuera un malentendido. Por supuesto, lo más sencillo sería ir y hablar con el inquisidor. Dejar que él se encargase. Después de todo, a eso se dedicaba, a inquirir en busca de herejes.

Pero no, decidió no hacerlo, no todavía. No hasta estar seguro, hasta tener evidencia. Si algo había aprendido de fray Sebastián, era que uno debe actuar con base en la evidencia, y no solamente en una sospecha.

Pasada la medianoche, cuando el monasterio cobraba vida con la sinfonía de los ronquidos, Jerónimo con mucho cuidado se puso de nuevo el hábito y, caminando de puntas, salió de la zona de los dormitorios por la puerta de atrás, que daba hacia las letrinas.

No era un hombre apostador, pero si tuviera que apostar, saldrían por esa misma puerta.

«¿Hoy? Sí, por la noche», recordó lo que escuchó. Pero ¿y después? «Dejaremos todo en donde el oso lo buscaría». No tenía idea de a qué se referían con eso. Era una clave, evidentemente, en referencia a un punto de entrega, muy probable.

Dudaba mucho que el punto de entrega fuera en la abadía, pues de ser así no habría necesidad de salir bajo el resguardo del manto de la noche. Por lo tanto, probablemente intentarían salir al exterior. Había dos puertas en las murallas: la principal, al oeste; y la menor, al este. Pero estaban cerradas y no se abrirían hasta maitines. Y abrirlas por la noche no sería fácil, además de que provocaría mucho ruido. La otra opción era saltar la muralla, que si bien era alta, se podía hacer con una cuerda y mucha destreza.

«Si yo tuviera que escaparme por la noche, ¿cómo lo haría?», pensó.

La respuesta le vino rápido: la puerta de los desechos. La bodega estaba contigua a la muralla norte. Al final de la bodega, en la cocina, había una pequeña puerta, llamada la «puerta de los desechos», por donde se lanzaba la basura hacia fuera de la muralla, y era recogida allí por los siervos del monasterio, quienes la llevaban al quemadero.

Se apresuró. Pasó por la hospedería, en donde descansaba el inquisidor y los suyos. Recorrió el claustro por un lado, pasó los establos y llegó a la bodega. La puerta estaba cerrada, pero había una ventana abierta. Entró por allí. Todo en silencio.

Escogió un escondite, detrás de unos barriles de vino, desde donde podía ver la puerta de los desechos con tan solo asomar un poco la cabeza. La puerta era de vaivén, con las bisagras en el marco superior. Esperaría allí. El tiempo comenzó a pasar, una hora, dos, probablemente. Tenía mucho sueño. Perdió la noción del tiempo. ¿Quizá había escuchado mal? Tal vez no se referían a esa noche, sino a la siguiente. O quizá no saldrían por allí y no podría verlos. Ya había pasado demasiado tiempo. Quería dormir. Tenía que dormir un poco.

Se había equivocado. Sí, mejor regresar a la cama e intentarlo mañana por la noche. Pero de repente oyó un ruido, unos pasos. Alguien se acercaba. Se quedó quieto. Su corazón se aceleró. «Tenía razón», pensó al ver dos sombras acercarse a la puerta de los desechos; uno era fray Sebastián; el otro traía el capuchón puesto y caminaba como encorvado. Se agacharon para salir, pues la puerta mediría unos dos codos[1] de altura.

Cuando desaparecieron, dejó que pasaran unos momentos, se acercó a la puerta, levantó la hoja de madera y asomó la cabeza. Las sombras bajaban por la colina. Miró hacia abajo. Tendría que saltar. El suelo no estaba muy abajo, pero un mal salto y se torcería el tobillo. Por

---

1. Unos 80 cm.

fortuna, eso no sucedió. Se cubrió con el capuchón y bajó por la colina, a una distancia prudente, agachado, dejando que los matorrales lo ocultaran.

Al principio pensó que las dos sombras irían hacia el pueblo, pero no. Se dirigían al bosque, al parecer. Sí, se perdieron dentro del bosque. No quería seguirlos. Decían que los espectros salían a merodear allí por las noches, y no estaba dispuesto a arriesgarse. Además, era un bosque grande, y no tenía pensado exponerse a perderse. Mejor se escondió detrás de un árbol y esperó a que salieran de nuevo. No tuvo que aguardar mucho tiempo. Los dos monjes salieron, lo cual significaba que lo que habían dejado no estaba muy adentrado en la arboleda.

Perfecto. Encontraría alguna excusa para investigar mañana. Por supuesto, se arriesgaba a que aquello que dejaron ya no estuviera, pero era un riesgo que tendría que correr.

Los dos monjes regresaron al monasterio por el mismo camino. Para ellos fue fácil entrar, pues se ayudaron mutuamente. Pero por un momento Jerónimo pensó que se quedaría fuera y no podría regresar. Con un buen salto logró asirse al borde y entró.

No se veía ni un alma. En silencio caminó de regreso a los dormitorios. Cruzaba por enfrente de la hospedería cuando se detuvo. Alguien lo estaba mirando. Inmediatamente se agachó y lanzó una ojeada furtiva a su alrededor, con el corazón golpeándole el pecho. Nada. Nadie. Era tan solo su imaginación.

Poco tiempo después, acostado en su cama, logró conciliar el sueño, pero le pareció que casi inmediatamente después de cerrar los párpados escuchó la campana que anunciaba maitines.

Decem

—Puedo asegurarle —le dijo fray Ricardo a fray Domingo— que tiene todo mi apoyo en la búsqueda de la heterodoxia.

El inquisidor inclinó levemente la cabeza. Era de mañana, y el carruaje brincaba por el camino rumbo a casa del alcalde, quien accedió a verlos en su casa.

—Tan solo pensar en que estos escritos se han propalado en nuestro pueblo, bajo mi guardia, me tiene estremecido —continuó el abad, serio.

—Se habrá dado cuenta de que a mí también. Esta es, después de todo, mi región.

—Todos saben bien de la fiereza con la que vuestra merced ha combatido la herejía, estimado fray Domingo.

—Quizá no he sido demasiado severo —dijo mirando por la ventana.

El abad no respondió.

—Mire, abad —le dijo—, estamos en una situación delicada. Este es, después de todo, su pueblo. Es, digamos, el padre espiritual de todos los feligreses que viven aquí, incluido el párroco local que ve a vuestra merced como un padre.

El abad concurrió.

—Por lo tanto, si se llega a saber que la herejía ha infectado este pueblo, vuestra merced quedará en la mira. Por lo tanto, espero su ayuda sin reservas.

—La tiene.

Llegaron a la casa del alcalde, que se encontraba dentro de una pequeña hacienda. Les dio el paso un criado, que los condujo a una cómoda sala ricamente amueblada a la espera de que apareciera el gobernante del pueblo.

El alcalde, don Francisco, era un hombre pesado, vestido con elegancia, un sombrero azul cian que hacía juego con su jubón. Una capa verde oscura le caía por detrás de los hombros, la cual hacía juego con sus medias. Llevaba una barba negra poblada y bien cuidada. El hombre los invitó a sentarse. Les trajeron unos pastelillos y algo de té que, presumió el alcalde, venía de Asia.

Hablaron un poco de trivialidades, pero el alcalde, que era evidentemente un hombre acostumbrado a dar y recibir órdenes, tomó la iniciativa.

—Fray Domingo, debo decir que su llegada al pueblo es sumamente oportuna. No me queda duda de que la Divina Providencia está detrás de todo esto.

—¿Por qué lo dice, alcalde?

—Porque me temo que la blasfemia ha logrado infiltrarse entre unos pocos en el pueblo.

—¿Unos pocos?

—Unos pocos —respondió seguro—. Imagino que ha venido para preguntarme sobre el impresor.

Impresionado, el inquisidor dejó en la mesita dispuesta frente a él la taza humeante de té que disfrutaba. Evidentemente el alcalde tenía sus informantes, y no dudaba de que algunos monjes le hubieran dado la información de la captura del hereje.

—Se preguntará por qué yo no he dado aviso al Santo Oficio sobre el asunto.

—Precisamente. De hecho, esto es lo que nos ha traído hasta vuestra merced.

—La razón es sencilla, estaba preparando un informe completo —dijo al levantar la mano, y su criado, de pie junto a la puerta, salió por ella y regresó con un papel enrollado en la mano, el cual entregó a su señor, quien lo entregó al inquisidor.

Fray Domingo lo abrió y encontró escrito lo que parecía un reporte detallado no solamente sobre el impresor, sino también de otros asuntos.

—Aquí encontrará un informe de lo que he hecho para encontrar todo lo que puede saberse sobre esta infortunada situación.

El inquisidor enrolló el pergamino y lo guardó en un bolsillo de su capa.

—Me impresiona, señor alcalde —dijo fray Domingo—. Sin embargo, debo inquirir ¿por qué no mandó hablarme inmediatamente? ¿No es esta mi labor? ¿No habríamos avanzado más rápido si mi llegada hubiera sido hace una semana?

Los ojos del alcalde, tan solo por un momento, parecieron vacilar.

—Excelentísimo padre, su humilde servidor solamente quería ser de gran ayuda. Después de todo, la Corona ha puesto a este pueblo bajo mi responsabilidad, e incluso la herejía se combate por medio del Estado, y no solo por la Iglesia.

—Puedo dar testimonio —dijo el abad— que el señor alcalde siempre ha sido de gran apoyo a nuestro monasterio y a la Iglesia.

—Bien, bien... —dijo el inquisidor.

—Hay una cosa que encontré que es de extrema sensibilidad, señor inquisidor —continuó el alcalde.

—¿Sí?

—Hay un rumor de que ha llegado, o está para salir del pueblo un documento... ¿cómo decirlo?... extremadamente peligroso.

El inquisidor se inclinó hacia adelante con los oídos bien atentos.

—Una Biblia, mi señor. Una Biblia... en castellano.

—Dios, ten piedad —dijo el abad.

—Dicen que es obra de aquel monje exiliado.

—De Reina —dijo fray Domingo entre dientes.

—El mismo.

—El problema es que no sabemos si ya ha llegado, o está por llegar. Tampoco sabemos quién la traerá.

—No se preocupe alcalde, de eso me encargo yo.

Cuando iban a salir, el alcalde pidió unas palabras privadas con el inquisidor. El abad, algo desconcertado, se despidió y salió rumbo al carruaje.

—No quería faltarle el respeto a nuestro querido abad —dijo el alcalde—, pero lo que le diré ahora es sumamente delicado.

—Puede confiar en mí.

—La información que me ha llegado dice que la Biblia en castellano llegará —se acercó a su oído— al monasterio.

Undecim

El camino de regreso al monasterio se hizo casi en completo silencio. Fray Domingo estaba pensativo. El abad Ricardo tenía la mirada perdida, observaba el pueblo por la ventana, e intermitentemente fruncía el ceño. Fray Domingo lo miró de soslayo, pero el abad no le devolvió la mirada.

—Llegando al monasterio, le pido por favor que proclame una junta urgente.

El abad dijo que sí con la cabeza.

—¿Estarán los monjes disponibles?

—A esta hora la mayoría estará en la abadía, y los que no, regresarán al escuchar la campana.

Poco tiempo después, al son de las campanas, los monjes se reunían en la sala capitular, un salón heptagonal con bancas en las paredes que se usaba para la lectura de un capítulo de la regla de San Benito, y para dar los anuncios diarios. El abad se sentaba siempre en la silla principal, con el prior Adulfo a su derecha, y el tesorero Jacinto a su izquierda. Los monjes se sentaban en los banquillos pegados a la pared por orden de edad.

—¿Están ya todos aquí? —preguntó el prior.

—Solo se disculpó el hermano cocinero —dijo un monje—. El abad le permitió ausentarse para tener la comida lista.

—Muy bien. Nos hemos reunido de manera excepcional para escuchar las palabras de nuestro padre, seguido por las palabras de su señoría el inquisidor fray Domingo.

El abad Ricardo se puso de pie.

—Hijos míos, están todos al tanto de los acontecimientos que han transcurrido en nuestro monasterio y, además, debo agregar tristemente, en nuestro pueblo. Tenemos a un hombre prisionero que hace poco tiempo confesó ser parte de una conspiración herética.

Los monjes se movieron en sus lugares, incómodos.

—El inquisidor fray Domingo tomará ahora la palabra y nos informará al respecto, para que todos tengamos, digamos, el mismo propósito.

Fray Ricardo se sentó y el inquisidor se puso de pie. Miró a su alrededor, a las caras de los monjes, quienes le regresaban la mirada aprensivos más de uno, y algunos indiferentes o aburridos, especialmente los más viejos.

—*Sicut scriptum est: Quam speciosi pedes evangelizantium pacem, evangelizantium bona!* Por desgracia, hoy no soy mensajero de buenas nuevas. Todo lo contrario. Sin embargo, esa es la responsabilidad mía, de fray Domingo, traer malas noticias que a veces son necesarias.

Dio un paso al frente, para que todos le prestaran absoluta atención.

—Como mencionó el abad, ayer supimos que el impresor del pueblo es un hereje que ha estado imprimiendo literatura infernal, y la ha distribuido por el pueblo.

---

1. Las Escrituras dicen: «¡Cuán hermosos son los pies de los que anuncian la paz, de los que anuncian buenas nuevas!».

Algunos monjes comenzaron a susurrar. Fray Domingo levantó la palma de la mano, y todos guardaron silencio.

—Pero el impresor no actuó solo, no. Eso es imposible. Un hereje siempre actúa con uno, dos, o tres más. Y hermanos míos, con dolor en mi corazón les digo, ese hereje fue ayudado *por alguien en esta abadía*.

Esta vez no fueron susurros. Causó una conmoción en la sala capitular como nunca en años, quizá desde que se construyó. Incluso fray Ricardo, que estaba sentado junto a él, se puso de pie y le dijo: «¿Pero de qué se trata esto, fray Domingo?», por lo que el inquisidor lo calmó con las manos y le pidió que se sentara de nuevo.

El viejo fray Agustín se puso de pie. Apuntó, desafiante, al inquisidor.

—Esas son acusaciones serias, fray inquisidor.

El prior intentó calmarlo, pero sin éxito.

—He vivido mi vida entera en este lugar. No permitiré que un muchachito venga y acuse a mis hermanos de herejía. He tolerado muchas cosas en mi vida, *¡pero esto no!*

—Venerable hermano —dijo el inquisidor inconmovible, y con una sonrisa en el rostro de apaciguamiento—. Mi intención no ha sido ofenderle, ni a vos, ni a ningún hermano de este respetable lugar.

Fray Agustín se sentó de nuevo, con ayuda de los dos monjes junto a él.

—Sin embargo, mi propósito de parte de Dios y de parte del Santo Padre es que persiga la herejía en cualquier rincón. Incluso si ese rincón fuese una abadía.

Movimientos incómodos, de nuevo, entre los monjes.

—Saben bien que hace casi quince años, un monasterio no lejos de aquí tuvo una revolución entre los monjes.

—¡San Pablo Apóstol no es San Isidoro del Campo! —gruñó fray Agustín, y varias voces lo apoyaron.

—Sin embargo —elevó la voz fray Domingo—, eso no significa que no pueda suceder en otros monasterios. Hermanos, escuchen, es mi deber decirles claramente que, si alguno de vosotros ha estado siquiera jugando con herejía, daré un tiempo de gracia para que se confiese conmigo y no caiga sobre él todo el peso de la Inquisición.

Se puso de pie un monje, el bibliotecario, fray Sebastián.

—Hermano fray Domingo, si vuestra merced ha traído una acusación a esta casa, es tan solo justo pedirle que presente su evidencia delante de nosotros.

—De acuerdo con el hermano Sebastián —dijo alguien.

—De acuerdo —dijeron otros.

—Hermano Sebastián, vos sos un hombre letrado, ¿cierto?

—Las letras me apasionan, tiene razón.

—¿Sois jurista?

—No lo soy. Soy teólogo.

—Muy bien. Yo también soy teólogo, pero además, antes de mi carrera de teología, estudié leyes.

—Le felicito, hermano, por sus muchos estudios —dijo el bibliotecario, aunque fray Domingo no pudo distinguir si era con sarcasmo o no, pues algunos de sus compañeros reprimieron una sonrisa.

—Pues si no es jurista, ¿cómo es que puede pedir de mí que presente evidencia? ¿No es mi palabra evidencia suficiente?

Un silencio.

—No lo es, querido hermano —respondió el bibliotecario—. Pues desde que vos entró a nuestra abadía, se rige no solo por las leyes canónicas, sino por las leyes de nuestro monasterio. Que el abad me corrija, pero está claramente estipulado que, cuando alguien presenta una acusación en la sala capitular, debe acompañar dicha acusación con una evidencia.

Esta vez el silencio fue largo e incómodo, aunque no para fray Domingo y, aparentemente, tampoco para el bibliotecario, quien seguía allí de pie esperando alguna respuesta.

—Gracias, querido hermano, tome asiento, por favor.

Fray Sebastián lo hizo.

El inquisidor dio un paso hacia atrás, se rascó la barbilla, y dijo:

—El hermano bibliotecario tiene, por supuesto, la razón. Gracias por indicármelo, fray Sebastián. Tomaré en cuenta su ayuda —le dijo lanzándole una mirada ceñuda—. Por lo tanto, retiro mi acusación. —Se sentó.

Se escucharon afirmaciones.

—Gracias, fray Domingo —le dijo el abad al oído.

—Sin embargo —agregó con el dedo índice en alto—, entrevistaré a algunos hermanos, puesto que conocen el pueblo mejor que nadie, y me serán de mucha ayuda en mis pesquisas. A menos que el abad no lo apruebe...

—Eh... claro, fray Domingo, adelante.

—Perfecto. Entonces, algunos esperen mi llamada durante el día.

La reunión se dio por terminada, y los monjes salieron de la sala. Fray Domingo se quedó allí, pensando.

Por supuesto, todo había sido una apuesta. No estaba seguro de si había o no herejes en el monasterio. Pero lo dicho por el alcalde lo hacía sospechar, y quería asustar un poco a los hermanos. Quizá alguno confesaría. No contaba con el bibliotecario, indudablemente, un hombre inteligente, un hombre de letras, un hombre al que le gustaba leer. Pero... ¿leer solo lo ortodoxo, o estaría abierto a leer, o imprimir, herejía? Tendría que averiguarlo.

Duodecim

Después de la comida, Jerónimo, Bernardo y Maclo-vio bajaron al pueblo para seguir ayudando en la construcción de la granja. Mientras cortaba pedazos de madera, Jerónimo no podía evitar mirar hacia el bosque al que se habían adentrado fray Sebastián y el otro monje la noche anterior. No estaba lejos de allí.

¿Qué habrían escondido? Ahora que lo pensaba bien, no recordaba que cargaran algo. Fuera lo que fuera, era pequeño. Algo que podían llevar escondido en el hábito. Aunque la oscuridad no le permitió ver bien, tampoco recordaba que fueran cargando con algo de regreso.

Pensaba en cómo encontrar una excusa para ir. Tan solo necesitaría un poco de tiempo. Por lo menos, eso creía, un cuarto de hora, media hora máximo, para buscar bien. Pero en este momento, si se dirigía hacia allá, sería suma-mente sospechoso.

—Amigo, ¿vas a trabajar, o no? —le dijo fray Ber-nardo, y le dio un empujón juguetón que lo sacó de sus pensamientos.

—Sí, estaba...

—¿Pensando? —se adelantó Bernardo—. ¡Qué raro!

—Más bien creo que meditaba en los espectros del bosque —dijo Maclovio.

—¿En los espectros? —dijo Jerónimo—. ¿Por qué?

—¡Por qué no dejas de mirar hacia el bosque!

—Claro que no —respondió Jerónimo, regresando al trabajo.

—No te preocupes, hermano Jerónimo, mientras estés con nosotros, los espectros no te harán daño —dijo Bernardo, estallando en risas.

—Más bien pensaba en lo de ayer. En lo que dijo el inquisidor.

—¡Bah! —dijo Bernardo, medio encorvado frente a la mesa—. Fray Agustín tiene razón. Esas son acusaciones fuertes, y como dijo el hermano Sebastián, el inquisidor no presentó evidencia. Así no funcionan las cosas.

—Y sin embargo... —dijo Maclovio.

—¿Y sin embargo...? —le animó Jerónimo.

Maclovio, que tenía un martillo en la mano, lo dejó en la mesa frente a él y se cruzó de brazos. Lo pensó un poco, y dijo:

—Si el impresor es hereje, debemos estar alerta. Probablemente haya más simpatizantes del luteranismo en el pueblo.

—Pero ¿en el monasterio? —preguntó Jerónimo.

—No, en el monasterio, imposible —respondió Bernardo.

—No te veo tan seguro, hermano Jerónimo —dijo Maclovio.

—No, no, estoy de acuerdo con Bernardo. Que haya luteranos en la abadía es ridículo —mintió.

—¿Entonces ninguno de vosotros ha visto, eh, cosas extrañas? —preguntó Maclovio.

Jerónimo se encogió de hombros y rápidamente dijo que no con la cabeza. Bernardo puso ambas manos en su cintura.

—Hermano Maclovio, estás ya como el inquisidor, que ve herejía por todos lados —soltó Bernardo.

—Pero no olvidemos que el impresor es aparentemente culpable de imprimir panfletos heterodoxos —dijo Maclovio—. Por lo menos, eso es lo que se está diciendo por allí.

—Mira, seamos realistas —dijo Bernardo—. A don Juan de Navarro no le había estado yendo bien en los últimos años. Probablemente le ofrecieron mucho dinero por imprimir algunas cosas si hacía la vista gorda. Por tonto o por ingenuo, aceptó, y ahí están las consecuencias.

—Puede ser —dijo Maclovio.

Fray Ignacio regresó del monasterio.

—Van un poco lentos por aquí —dijo algo molesto. Luego agregó—: Hermano Jerónimo, le buscan en la abadía.

—¿A mí? ¿Quién?

—Fray Domingo ha estado entrevistando a los monjes. Te toca a ti.

Trató de que su rostro no mostrara el nerviosismo que sentía. Fray Bernardo se puso frente a él, le colocó ambas manos en los hombros, y sonriente le dijo:

—Ve y muéstrale a ese inquisidor quiénes mandan en este pueblo.

De camino al monasterio, Jerónimo intentaba decidir qué estrategia seguiría para responder las preguntas del inquisidor. Mentir lo ponía sumamente nervioso, porque si fray Domingo se llegaba a enterar de cualquier engaño, sospecharía de él y, por lo menos, lo encerraría. Eso era si le iba bien. En el peor de los casos, lo someterían a tortura.

Dudaba mucho de que llegara hasta ese punto, ya que él era inocente de herejía. Lo correcto era decirle lo que sabía y listo. Contarle lo que escuchó, lo que vio, y lo que pensaba.

Pero ¿qué había escuchado? Comentarios vagos. ¿Qué había visto? Dos monjes salir por la noche al bosque. ¿Qué pensaba? Que no estaba seguro. Sospechaba, sí, indudablemente. ¿Seguro? No.

Y no estaba dispuesto a poner a fray Sebastián en aprietos hasta tener más datos. El bibliotecario siempre había sido amable con él. Además, lo admiraba.

Así que decidió que no diría nada hasta que sucedieran dos cosas: número uno, descubrir lo que ocultaron en el bosque; número dos, encarar a fray Sebastián en persona. Tendría que hacerlo, aunque no quisiera. Entonces y solo entonces, le diría todo al inquisidor.

Entró por la puerta principal de la muralla. A la derecha, frente a la puerta de los aposentos del abad, vio a fray Ricardo hablando acaloradamente con el prior. No podía distinguir lo que decían, pero no sonaba feliz.

Siguió su camino. El inquisidor llevaba a cabo sus interrogatorios en el segundo piso del claustro. Al subir las escaleras, fray Agustín caminaba hacia él, aparentemente acababa de salir de su interrogatorio.

—¿Quién eres, hijo mío? —le dijo cuando estaba cerca.

—Fray Jerónimo, padre.

—Jerónimo, ven, ayúdame a bajar estas escaleras.

Así lo hizo. A medio camino, le preguntó.

—¿Cómo le fue con... —titubeó—, con...?

—¿Con el inepto de allá? —dijo fray Agustín apuntando hacia arriba con un gesto de la cabeza.

Jerónimo no pudo más que sonreír. Fray Agustín era el hombre más gruñón que conocía, pero el venerable anciano era sumamente inteligente. Se decía por allí que era el autor anónimo de varios tratados teológicos. Nadie sabía si era cierto, y el monje nunca confirmaba o negaba cuando le preguntaban. Lo cierto es que pasaba horas en la biblioteca y en el *scriptorium,* con la nariz pegada a los libros, debido a su mala vista.

—Ese hombre cree que puede turbar a fray Agustín. *¡Deus, misereátur!* Dice que es teólogo. Yo digo que no podría explicarte ni el *homoousios.* Dice que es jurista. Ni siquiera ha de hablar bien el latín. Ese hombre solo busca poder.

—¿Algún consejo? Me toca entrar.

El anciano se acercó a su cara, de tal manera que pudo sentir su aliento.

—Sigue la verdad en tu corazón.

Llegaron al primer piso, fray Agustín continuó por su camino, y Jerónimo subió las escaleras de nuevo, lentamente. Llegó a la puerta, y tocó dos veces, dubitativo.

—Entra —escuchó.

Entró.

Tredecim

El lugar estaba lleno de humo. Era un cuarto espacioso, pero sin ventanas. La luz provenía de unas lámparas dispuestas sobre las tres mesas que había frente a él. Detrás de ellas, la cohorte del Santo Oficio de la Inquisición. En la mesa de en medio lo esperaba el inquisidor, quien preparaba una pipa para encenderla que, a juzgar por el olor del cuarto, no era la primera.

Fray Jerónimo se quedó de pie, esperando instrucciones. Pero las instrucciones no llegaron. El inquisidor metódicamente rellenaba su pipa, poniendo el tabaco en el hornillo. El escribano garabateaba furiosamente en un papel. El joven secretario se limaba las uñas, y otros dos hombres, quizá teólogos o juristas, conversaban entre ellos en voz baja.

Una vez que tuvo la pipa encendida, fray Domingo apuntó con la boquilla de la pipa la silla al otro lado de su escritorio. Fray Jerónimo se sentó.

Se escuchó un grito sordo que venía del cuarto en donde estaba prisionero el impresor. Al escucharlo, se le puso la piel de gallina. No estaba seguro, pero parecía que el prisionero invocaba a su madre.

—¿Escuchas eso? —le dijo el inquisidor.

Jerónimo asintió.

—Lo que tenemos que hacer para salvar las almas no siempre es agradable. Pero es justo. ¿Crees que Dios es injusto, fray...?

—Jerónimo.

—Fray Jerónimo. ¿Crees que Dios sea injusto cuando manda a una persona al purgatorio o, peor aún, al infierno?

—No, señor.

—¿Por qué no? ¿Por qué torturar un alma por toda la eternidad, cuando ha pecado por un tiempo limitado?

Jerónimo sentía una tensión tan fuerte en su cuello que quería tronárselo. Usó toda su fuerza de autocontrol para no hacerlo. Estaba seguro de que el tronido de sus huesos haría eco en ese lugar. Contestó.

—Porque el juicio es proporcional no al pecado cometido, sino hacia quien se cometió el pecado. En este caso, contra el Dios santo y omnipotente. Puesto que Dios es eterno, el castigo por blasfemarle es eterno, también.

El inquisidor se quitó la pipa de los labios, los cuales arqueó hacia abajo, con los ojos abiertos, con una expresión de sorpresa.

—Le he hecho esa misma pregunta a varios de tus hermanos, ¿y sabes qué me contestaron?

—Algo similar, supongo, padre.

—No. Ninguno supo qué contestarme. Algunos trastabillaron. Pienso que, si los hubiera presionado un poco, les habría convencido de que el purgatorio no existe —y regresó la pipa a sus labios—; lo cual es herejía —agregó.

—Estoy seguro de que mis hermanos creen en el purgatorio, señor inquisidor. Solo que algunos de ellos no son... no son muy brillantes. Son personas simples, sencillas.

—Pero vos respondiste a la perfección. Y por lo que veo en mis registros —dijo mirando un papel frente a él—, no vienes de familia noble. Fuiste entregado al monasterio cuando eras pequeño, por tu tío.

—Así es —respondió a secas, con sus ojos apenas húmedos al recordar que no solamente no conoció a sus padres, sino que además hacía muchos años que no veía a su tío.

—Y estás en camino a convertirte en un letrado.

—Ambiciono llegar a ser un teólogo, mi señor.

—Buena ambición —dijo apuntándolo con el dedo índice—. ¿Sabes quiénes son los únicos que me han respondido satisfactoriamente?

—No podría decirlo.

—Dame tu mejor conjetura.

—Probablemente fray Agustín —respondió—, fray Sebastián sería el otro. Puedo pensar en otros cinco o seis hermanos que probablemente responderían de acuerdo a nuestra doctrina.

—Has dado en el clavo. No he cuestionado a fray Sebastián todavía, pero fray Agustín contestó bien. Muy interesante. Y ¿sabes lo que tienen los dos en común?

—¿Los dos son eruditos?

—Es cierto que son hombres de letras. Pero ese no es el problema. La Iglesia está repleta de hombres eruditos. El problema es que en ambos percibo un espíritu de *rebeldía*.

Puesto que era una declaración y no pregunta, fray Jerónimo se quedó mudo, sin saber qué contestar.

—Y si mi experiencia me dice algo, es que cuando la rebelión se acuesta con la erudición, producen herejía.

Sintió que se le secaba la garganta.

Repentinamente fray Domingo se inclinó hacia adelante y, con semblante feroz, le dijo:

—¿Eres uno de los herejes, fray Jerónimo?

Abrió la boca pero no pudo decir nada. Pasó saliva, y respondió.

—De ninguna manera, mi señor.

—¿Sabes quiénes son? Dímelo ahora.

—Yo no tengo ni idea de quiénes podrían ser herejes.

El inquisidor golpeó la mesa con fuerza. Se puso de pie y lo señaló.

—¡Basta de mentiras, joven! ¡Yo sé que sabes quiénes son! Dímelo ahora si no quieres salir de aquí encadenado y directo a la tortura. ¡Te despellejaré vivo, si es necesario!

Toda la sangre, parecía, había sido succionada de su cara. Se sintió mareado por un momento. Un sudor frío, helado, le brotó por toda la piel.

Se imaginó a sí mismo atado de pies y manos, gritando mientras le colocaban en los pies carbones encendidos.

—¡Habla!

Y estuvo a punto de hablar, de confesar todo lo que sabía, de decirle lo que había visto y oído... pero entonces sospechó que todo esto era un embuste.

¿Cómo podía saber algo el inquisidor? Imposible. Simplemente había lanzado el anzuelo, sin tener evidencia alguna, para ver si mordía. Era como un juego de cartas. Fray Domingo no tenía una buena mano, pero estaba fanfarroneando. Así que decidió jugar. No revelaría sus cartas, no todavía.

Mantuvo su mirada aterrada, y dijo:

—No, mi señor. Yo no soy más que un joven novicio. Le puedo garantizar que aquí solamente se enseña la doctrina católica. Nada más.

El inquisidor regresó a su silla y lo analizó.

—¿No has visto nada raro? Pasas mucho tiempo en la biblioteca. ¿Libros heterodoxos?

—No dudo de que pueda haber libros heterodoxos en la biblioteca, pero están bajo llave. Sin duda, todos los monasterios con bibliotecas tienen algún ejemplar de ese tipo.

—No te hagas el listo, joven. Sabes bien a qué me refiero.

—Mi señor, nada hay heterodoxo en esta abadía.

—¿Si vieras algo, se lo harías saber al Santo Oficio inmediatamente, so pena de perder tu alma en el purgatorio?

Estuvo tentado a dudar, pero respondió con un «sí» inmediato, y luego rezó una petición de perdón.

«Tengo que ir a confesarme pronto», pensó.

—Muy bien. Puedes salir.

Cuando salió, sonó la campana anunciando sexta, y se dirigió hacia la iglesia. Se encontró en el camino con Bernardo, quien inmediatamente le preguntó cómo le había ido.

—Creo que bien —respondió.

—Me han llamado a mí. Iré después del rezo. También Maclovio, creo.

—Buscará intimidarte. Te lo advierto.

—¿Y qué le dijiste?, ¿que has visto algo?

—¡Pero si yo no he visto nada!

—¿Nada? —le preguntó Bernardo con una rara expresión en la cara.

—Pues no, nada.

—¡Yo tampoco! No entiendo por qué nos están interrogando a nosotros. Pero bueno, el que no tiene deudas, no tiene temor.

Dentro de la iglesia se sentó en la banca junto con el resto de los monjes. Las bancas, cerca del altar, estaban puestas paralelas a ambas paredes para que los monjes estuvieran de frente unos a otros. El director dijo:

—*Deum meum, et veniet auxilium mihi.*[1]

Todos respondieron, en canto.

—*Domine, ad adjuvandum me festina* —luego, inclinados—: *Gloria Patri: Gloria Patri et Filii, et Spiritus Sancti. Sicut erat in principio, et nunc, et semper, et in saecula saeculorum. Amen.*[2]

El resto de la hora canónica, la mente de Jerónimo estaba en otro lado, lejos de allí. Estaba en el bosque. Tenía que encontrar la excusa para poder ir. ¿Pero cómo? ¿A qué hora? ¿Sería ya demasiado tarde? Tenía hambre. Le rugieron las tripas. Y entonces supo cómo hacerlo.

---

1. Dios mío, ven en mi auxilio.

2. Señor, date prisa en socorrerme. Gloria al Padre, y al Hijo, y al Espíritu Santo. Como era en el principio, ahora y siempre, por los siglos de los siglos. Amén.

Quattuordecim

—¿A quién le toca ahora ser interrogado? —preguntó el inquisidor.

—Al bibliotecario —le respondió fray Junio.

Fray Domingo sonrío para sus adentros. Había estado esperando esta entrevista. El bibliotecario le parecía una persona engreída, y definitivamente sospechaba de él. Tenía información que le haría temblar. Con fortuna, le sacaría una confesión.

Entró el bibliotecario. De lejos, parecía joven, sobre todo por la manera en que caminaba, con energía y seguridad. Además, su cuerpo era vigoroso, fuerte. Pero viéndolo ya más de cerca, tenía la cara de un hombre maduro e inteligente. Ojos color café e inquisitivos, unas cuantas arrugas en la comisura de los párpados, una nariz aguileña y el cuello levemente encorvado hacia adelante, común en los monjes que pasaban horas jorobados mientras leían o copiaban códices.

El inquisidor le señaló la silla con un gesto de la mano.

—Gracias, señor inquisidor —le respondió el bibliotecario—, pero prefiero quedarme de pie. Paso mucho tiempo sentado, después de todo.

Fray Domingo, que estaba sentado tras su escritorio, simplemente asintió con la cabeza.

—No le quitaré mucho tiempo, fray Sebastián, puesto que sé que es un hombre ocupado. Leer libros debe ser una ocupación agotadora, ¿eh?

—Lo es para la mente.

—Yo, por mi parte, prefiero la actividad física. Ahí está la esencia de un buen inquisidor.

—¿No dijo el apóstol: «*Nam corporalis exercitatio ad modicum utilis*»?[1]

Fray domingo hizo una pausa. Definitivamente, este monje le caía bastante mal. Si bien tenía la cara seria, podía ver que por dentro sonreía desafiando su autoridad.

«Te borraré la sonrisa pronto, bibliotecario», se dijo.

—Como decía —continuó el inquisidor—, iré directo al grano. Conoce bien, supongo, a Rómulo y Remo.

—Si se refiere a los fundadores de la gran Roma, lamentablemente no tengo la edad suficiente para conocerlos en persona, solo a través de la literatura.

Fray domingo miró a las personas a su alrededor.

—Además de erudito, ¡es gracioso! ¿Un aplauso, le gustaría, eh, fray Sebastián?

Pero el bibliotecario simplemente continuó.

—Si, por el contrario, se refiere a los gemelos monjes que han morado entre nosotros ya por bastante tiempo, la respuesta es evidente: sí. Y le adelanto que no solamente los conozco a ellos, sino que también conozco a cada uno de mis hermanos en esta abadía.

—Bien, bien. Tuve recientemente una conversación interesante con ambos.

---

1. «El ejercicio corporal para poco es provechoso».

—Las conversaciones con los monjes de este monasterio le resultarán estimulantes, estoy seguro.

—Me dijo, por ejemplo, que hace tan solo unos pocos días, la conversación con vuestra merced giró alrededor de la doctrina blasfema de los protestantes.

—¿Sí?

—Así es. Para refrescarle la memoria, la conversación se llevó a cabo, específicamente, en el *scriptorium*.

—No me sorprende, fray inquisidor. He tenido multitud de conversaciones fructuosas en esa habitación.

—¿Conversaciones sobre herejía?

Fray Sebastián frunció el ceño.

—Sobre prácticamente todo tema que hay debajo del sol: filosofía, historia, teología, ciencia...

Fray domingo se dirigió al escribano.

—Léeme lo que dijo fray Remo.

El escribano se aclaró la garganta y leyó:

—«Fray Sebastián habló con nosotros sobre lo que enseña la doctrina luterana de la salvación por la fe sola. Usó esa frase específica».

—¿Escuchó eso, fray Sebastián? —le preguntó al inquisidor.

—Lo escuché, fray inquisidor.

—Su hermano lo acusa específicamente de usar la frase: «por la fe sola».

Este era el momento en el cual fray Domingo esperaba que el bibliotecario comenzara a transpirar. Había esperado que, en este punto de la entrevista, algunas gotas involuntarias de sudor comenzaran a brotar de la frente del bibliotecario, que un gesto de nerviosismo se presentara en sus ojos o labios. Pero no. Fray Sebastián se mantenía completamente imperturbable. Hasta parecía entretenido.

—No entiendo la acusación, fray inquisidor —respondió el bibliotecario.

—Que no la entiendes. ¿No escuchó? Vos usó la frase «por la fe sola». Es una frase blasfema y condenada por la Iglesia.

—Pero, mi estimado fray Domingo, yo admito completamente haber usado esa frase.

—¿Lo admite?

—¡Pero por supuesto! Esa y muchas otras frases de los protestantes.

Fray Domingo se puso de pie. El cuarto a su alrededor parecía haberse congelado tras la declaración osada de fray Sebastián.

—Sin embargo —continuó el bibliotecario—, no entiendo a qué se refiere con que esto es «una acusación». Estará vuestra merced al tanto que nosotros los teólogos tenemos permitido por la Iglesia discutir todo aspecto de la teología, y eso incluye aquellas doctrinas que se consideran contrarias a la enseñanza específica del magisterio, esto es para poder entender y detectar el error y la verdad. Admito, pues, plenamente, haber tenido esa conversación con mis hermanos Rómulo y Remo, pero quizás ellos olvidaron decirle la razón por la cual tuvimos esa conversación.

—¿Y la razón es...?

—¡Que ellos me preguntaron!

A fray Domingo no le gustaba hacia donde esta conversación se dirigía. Había pensado que acorralaría al bibliotecario, pero estaba demostrando ser una liebre difícil de atrapar.

—¿Está diciéndome que fueron ellos los que incitaron esta conversación?

—Así es. Incluso, si el escribano tiene a bien leer de nuevo la declaración, o si me permite recitar de memoria: «Fray Sebastián habló con nosotros *sobre lo que enseña* la doctrina luterana de la salvación por la fe sola». Ellos me preguntaron sobre la enseñanza luterana y yo respondí. Así de sencillo.

—¿Vos, entonces, no es un luterano?

—Soy un cristiano. Seguidor de Cristo.

—¿Y considera que todas las doctrinas protestantes son blasfemia?

—No.

—*¿No?*

—Los protestantes creen en la Trinidad. ¿Cree vuestra merced en la Trinidad?

—¡Pues claro...!

—Creen en la unión hipostática. ¿Y vos, excelentísimo padre?

—Sí...

—En el nacimiento virginal de nuestro Señor, en la Escritura como Palabra de Dios. ¿Rechaza esas doctrinas, fray Domingo?

—¡De ninguna manera!

—Entonces vos está de acuerdo con algunas doctrinas protestantes.

—¡Estoy de acuerdo con lo que enseña la Iglesia, la tradición y la Escritura! —gritó.

—Quizás debería interrogarlo yo —dijo el bibliotecario con firmeza—, no sea que sea vos del que debamos tener cuidado.

Fray Domingo estuvo a punto de explotar. Logró contenerse. Apuntó la puerta con un dedo, y dijo con la quijada apretada:

—*Largo.*

Fray Sebastián se inclinó levemente, y salió de allí. Fray Domingo maldijo para sus adentros.

«Eres una liebre escurridiza», pensó. «Pero al final, el zorro siempre atrapa a la liebre».

Quindecim

Fray Domingo no estaba contento. No. No se podía decir que las entrevistas con los monjes habían salido del todo bien.

Caminaba en dirección a los aposentos del abad, absorto en sus pensamientos. Mientras andaba, pudo notar las miradas furtivas que le lanzaban los monjes. No estaban contentos con su presencia, ni la de su gente. Además de ser una carga sobre ellos, los había acusado públicamente de tener herejes en la abadía.

Por fortuna, a fray Domingo no le importaba lo que pensaran de él. Era cierto que fray Ricardo era un hombre de influencia en la Iglesia y entre los monasterios, pero no más que él.

«No le tengo miedo», pensó. «Pero estoy seguro de que él a mí, sí».

El monasterio San Pablo Apóstol estaba, en su opinión, lleno de monjes testarudos que no estaban dispuestos a ayudarlo lo suficiente. La realidad es que la gran mayoría de los monjes de cualquier monasterio eran algo toscos. Y no pocos de ellos miraban con sospecha al Santo Oficio. El inquisidor sabía que los métodos usados por la Santa

Inquisición no eran aprobados por ciertas personas dentro de la Iglesia, algunas de ellas influyentes y poderosas. Sin embargo, a diferencia de otros lugares, los reyes de España apoyaban por completo a la Inquisición.

Aunque las entrevistas no habían sido muy exitosas, una de ellas sí lo fue. Sus sospechas fueron confirmadas: algo raro sucedía en el monasterio, y estaba empeñado en encontrarlo.

El prior Adulfo lo recibió en la sala de los aposentos de fray Ricardo, y lo dirigió hacia la oficina. Era una oficina hermosa. Por un lado, austera, sin mucha ostentación; por el otro, todos los muebles de madera eran de una calidad excelente. Además, adornaban las paredes estantes con libros.

—Qué bendición es que Dios haya puesto a su Iglesia como protectora del saber —dijo fray Domingo mientras tocaba los libros con la punta de los dedos.

Fray Ricardo lo veía desde detrás de su escritorio, con las manos entrelazadas frente a él.

—Y específicamente a nosotros, los monjes —respondió el abad.

—Veo que tiene aquí libros de todo, no solo de teología.

—No, hermano. La teología no es mi único interés. Tengo algo de filosofía, historia, unos cuantos libros de botánica y algo de medicina.

—Me dice el bibliotecario que los libros heterodoxos están bajo llave.

—Por supuesto, fray Domingo. Algunos bajo llave en la biblioteca, y otros los guardo yo.

—¿Acostumbra a leerlos?

—¿Leerlos? ¿Leer qué?

—Los libros herejes.

—No lo acostumbro —respondió el abad con cuidado—, pero los he leído, por supuesto. Como pastor debo reconocer a los lobos. Imagino, fray Domingo, que para reconocer la herejía ha tenido que estudiarla.

Fray Domingo tomó asiento frente a fray Ricardo.

—La herejía no se estudia, hermano, la herejía se huele. Tengo un buen olfato para ella. La puedo reconocer a una milla de distancia. Es como el olor a hez.

—Lamento no estar de acuerdo, hermano. Las herejías no siempre son aparentes. En muchos casos, más bien son sutiles. Pero la mente —dijo apuntando a su sien— nos la ha dado el Creador para usarla para el bien. Por eso dijo nuestro Señor: «Amarás a Dios con toda tu mente».

—Sin embargo, cuántas mentes brillantes han sido seducidas por la sutileza de la heterodoxia.

—La carne es débil, fray Domingo. El diablo seduce hasta a los más fuertes. Intentó hacer pecar a nuestro Señor, ¿cuánto más a nosotros?

Fray Domingo señaló con la barbilla el estante de libros en donde había visto varios títulos evidentemente luteranos.

—Esos libros no están bajo llave, abad.

—No. Algunos están aquí para hacer una rápida consulta; otros, porque son populares entre los eruditos.

—¿Populares?

—Sí, algunos doctores de la Iglesia los consultan para refutarlos mejor en sus tratados.

—Tendrá, imagino, una lista de todos aquellos que los consultan.

Una sombra pareció cruzar los ojos del abad.

—Todo está registrado, hermano, en papel y en mi cabeza. ¿Desea ver la lista?

—Solo me interesa saber quiénes han consultado los libros en esta abadía.

—Por supuesto, tendrá esa información hoy mismo.

—Si los libros no están bajo llave, ¿es factible que alguien pudiera tomarlos sin que vos se percatara?

—Imposible. Mi oficina está bajo llave.

—¿Una llave sin copia?

—Una llave con dos copias, una la tiene el prior y otra el bibliotecario, por supuesto.

Fray Domingo se quitó un poco de mugre imaginaria de debajo de sus uñas.

—El bibliotecario. Hábleme de él.

Fray Ricardo mantuvo su semblante inexpresivo.

—Un excelente monje. Tomó el lugar de fray Eduardo, quien fue bibliotecario por muchos años, pero se fue a la presencia del Señor hace...

—¿Medio año?

—Eh, sí.

—No se vea tan sorprendido, abad. Mi trabajo es inquirir. Cuando murió fray Eduardo, ¿fue una muerte natural?

—Indiscutiblemente. Tanto yo como el prior como el enfermero lo vimos antes de morir. Yo mismo le di los santos óleos. Si me permite, ¿por qué tanto interés en fray Sebastián? Es uno de los mejores hombres aquí.

Se puso de pie y caminó hacia una balda. Sacó un libro cuyo título —en latín— traducido al español era *La esclavitud de la voluntad*. Abrió al azar. Tradujo:

«Por lo tanto, recibimos bendiciones espirituales por la gracia de un tercero y no por nuestros propios esfuerzos. Dos ideas opuestas no pueden ser ciertas: que la gracia es tan poco costosa que cualquiera en cualquier lugar la puede ganar; y a la vez, la gracia es tan preciosa que solo podemos obtenerla por medio de los méritos de un hombre: Jesucristo».

—Si encontrara un libro como este en cualquier otro lugar —dijo el inquisidor agitando el libro como si fuera un pájaro muerto—, lo mandaría a la hoguera al siguiente día.

Fray Ricardo se puso de pie, caminó hacia él, le quitó el libro, lo cerró, y lo regresó a su lugar.

—Pero este no es cualquier lugar, ¿no es así, fray Domingo? Está vuestra merced en el estudio del abad.

El inquisidor sonrió y puso su mano sobre el hombro del religioso.

—Por supuesto, hermano. No quise ofenderle.

—No me ha ofendido —dijo al regresar a su lugar y dejando que la mano del inquisidor cayera—. Y quiero reiterar lo que dije antes, este monasterio es completamente ortodoxo.

—Lamento no estar de acuerdo con vos, hermano —respondió el inquisidor—. Pues si antes sospechaba que podía haber herejes entre vosotros, ahora estoy seguro.

La cara del abad se puso roja.

—Pues entonces tendrá que darme una evidencia.

—Siéntese, querido abad. Querrá estar sentado para escuchar lo que tengo que decir.

⚜

Llegó la hora de la cena. Jerónimo, sabiendo que la cocina estaba particularmente frenética por tener que alimentar a más bocas que de costumbre, le dijo al cocinero que podía ayudarle en lo que se necesitara. El cocinero, sin prestarle mucha atención, accedió, pidiéndole que trajera pan de la bodega. Trajo el pan, hizo dos o tres recados más para no causar sospechas, y mientras todos comían, regresó a la bodega con el pretexto de un mandado que le había dado el cocinero.

«Tengo poco tiempo», pensó.

Nadie le prestó atención cuando, sin pensarlo dos veces, se deslizó por la puerta de los desechos. No quería que lo extrañaran en completas. Bajó por el sendero casi corriendo, pero con cuidado de no tropezarse. Casi esperaba que algún monje asomara la cabeza por la puertecilla y lo viera corriendo, pero ninguna cabeza se asomó. Llegó al final de la colina. Un hombre que cabalgaba hacia el pueblo sobre una mula cansada lo miró extrañado, pero Jerónimo no hizo caso. Tenía poco tiempo. Corrió en dirección al bosque.

El cielo se tornaba púrpura. Una brisa fresca le pegaba en el rostro. Su corazón se aceleró. ¿Encontraría lo que buscaba? Quizá sería demasiado tarde. Y cuando regresara al monasterio, ¿entraría sin ser visto? No podía causar ningún tipo de sospecha, no con el inquisidor tan cerca.

Llegó al bosque, al lugar por donde entraron los dos monjes. Se internó en él, y no pudo evitar pensar que se le aparecería un espectro que lo turbaría por el resto de su vida. ¿Pero qué buscaba? Allí solo había árboles, árboles y más árboles. Ni siquiera era como buscar una aguja en un pajar, porque no sabía si buscaba una aguja. Siguió caminando, buscando en el suelo, mirando hacia arriba, hacia los lados... nada. Una abeja le pasó zumbando las orejas, y la alejó con la mano. Siguió buscando. Otra abeja. Después escuchó el *bzzzz* de una colmena cerca. Levantó la vista, y vio que en el árbol junto al que estaba, por encima de él, zumbaba una colmena llena de abejas. Sintió que se le fue el aire. Dio un paso hacia atrás, su pie se enredó en algo, y para no caer se apoyó en el tronco del árbol; sin embargo, el árbol tenía un agujero en la corteza, en donde fue a parar su mano. Y sintió algo. Papel. Con temor de que en cualquier momento sería atacado por un enjambre de abejas furiosas, sacó lo que el hoyo escondía. Sí, eran varias hojas de papel, sujetadas por un cordel.

Los árboles, que no dejaban filtrar la tenue luz, dificultaban su vista. Tenía que regresar. Rápidamente desató el cordel, tomó la hoja de arriba, luego unas cuántas de en medio, volvió a atarlo, regresó las hojas a su escondite, metió las hojas dentro del hábito, y regresó corriendo al monasterio.

Entró por la puertecilla. Nadie lo vio. Cuando salió de la bodega, los hermanos salían de la cena. Tenían un poco de tiempo libre antes de rezar completas e irse a dormir.

Con el corazón golpeándole el pecho, se fue al *scriptorium*. Estaba a oscuras. Encendió una vela en su pupitre, sacó el papel, y lo iluminó. Lo primero que le llamó la atención fue el dibujo en el centro: un árbol frondoso, con un hoyo en la corteza, en donde un oso parado en dos patas lamía lo que parecía ser miel dentro del hoyo.

Jerónimo recordó: *Dejaremos todo en donde el oso lo buscaría*.

Por encima del dibujo, ¡en español!, decía:

LA BIBLIA,
QUE ES,
LOS SACROS LIBROS DEL
VIEJO Y NUEVO TESTAMENTO
Trasladada en Español

Jerónimo lo entendió inmediatamente. No tenía que ser un genio para saber de qué se trataba esto.

Sentía como punzadas de mil agujas en su cara.

Era el libro hereje más buscado en toda España. Era la primera página de una Biblia en español.

PARTE II

EL CONVERTIDO

Sedecim

Tres días después, el sábado por la mañana, el pueblo se preparaba para celebrar la fiesta de San Isidro, el patrón del pueblo. Como todas las fiestas, se llevaría a cabo en la plaza principal el domingo por la tarde. A Jerónimo le encargaron traer del monasterio varias cestas de comida que guardarían en la bodega de la iglesia que estaba frente a la plaza. De esa manera, al siguiente día, sería más fácil sacar la comida.

—Fray Jerónimo, ¿a qué estás esperando? —le dijo fray Ramón, quien gritaba órdenes aquí y allá en la bodega—. ¡Si ya dejaste una cesta, ve por otra!

—Sí, fray Ramón.

—¡Bernardo, acompáñalo!

Bernardo, que intentaba escaparse de la mirada del cocinero, dio un respingo al escuchar su nombre, y respondió afirmativamente, como si fuera un soldado.

Los dos amigos salieron de la bodega rumbo al monasterio.

—Ese fray Ramón parece inofensivo, pero cuando se trata de cocinar ¡se convierte en un general! —dijo Bernardo.

—Vi cómo intentaste escaparte de él, sin éxito.

—Llevo la última hora tratando de escaparme de él. Es imposible.

Bajando por el camino venía Maclovio con un saco de papas en su espalda.

—Hola, Maclovio, parece que te lo estás pasando bien.

Sudando abundantemente, les respondió:

—¿No tenemos mulas que puedan hacer esto?

—¡Creo que somos nosotros! —respondió Bernardo, y Jerónimo lanzó una carcajada, pero Maclovio solo refunfuñó y continuó por su camino.

—Alguien está de buen humor hoy —dijo Jerónimo.

—Bah, no le hagas caso, está así desde que lo entrevistó el inquisidor.

—¿Sí? ¿Por qué?

—No ha parado de hablar sobre los herejes.

—¿Qué herejes? ¿En el monasterio?

—Amigo, sácate esa idea de la cabeza —le dijo Bernardo—. Ya sabes cómo es Maclovio. Tiene un poco de inquisidor en sus venas. Se cree muy ortodoxo, pero si me preguntas ni siquiera es buen teólogo. Aunque por lo visto es buena mula.

Se rieron.

—He estado esperando esta fiesta todo el año —dijo Bernardo sombrío—, y tiene que venir el inquisidor a arruinarla.

Efectivamente, el inquisidor había proclamado «edicto de fe» el día de ayer, el cual se llevaría a cabo el domingo en la fiesta. El abad, por supuesto, protestó en contra, pero, puesto que esa era la costumbre del Santo Oficio, no se pudo oponer mucho.

—Sabes algo de los rumores que corren por el monasterio, ¿cierto? —le dijo Jerónimo mientras se cubría con la mano el sol.

—Amigo, ¿hay algún rumor en el monasterio del cual yo no sepa algo? ¡Estoy en todos lados!

—Pues dicen que hay un monje que está señalando con el dedo a otros.

—¿Y quién te dijo eso?

—Me lo dijo fray Jacobino ayer por la noche.

—¿Y qué sabe él?

—No lo sé, pero me lo dijo con toda seriedad. Aparentemente escuchó al escribano hablando con uno de los juristas y mencionaron que hay un espía.

Bernardo se detuvo. Estaban a un tiro de piedra de la puerta principal del monasterio. Se quedó pensativo, con el cuello encorvado.

—Eso suena grave.

—Lo mismo pensé.

Continuaron caminando.

—Mientras más lo pienso, más creo que la Iglesia está sobreactuando a todo esto, a los protestantes —dijo Bernardo.

—¿Tú crees?

—Sí, amigo. Es cierto, están enseñando mentira. ¿Pero matarlos? ¿Torturarlos? ¿No se te hace mucho?

—No estamos haciendo nada diferente a lo que Dios haría en el infierno.

—Pero Dios todo lo sabe. Nosotros no.

—¿Alguna vez has leído literatura luterana? —le preguntó Jerónimo.

Bernardo lo miró con una mezcla de enojo y sorpresa.

—Amigo, si vas a decir eso, dilo en voz baja. Las paredes tienen oídos.

Llegaron a la bodega del monasterio, hasta el final, donde recogieron algunas de las cestas. Jerónimo observaba con cuidado a su amigo, y notó que, al acercarse a la puerta de los desechos, parecía evitarla con la mirada. Como si quisiera ignorar su existencia. ¿Se lo estaba imaginando? Bernardo miró a su alrededor, y se aseguró de que nadie estaba cerca.

—Por supuesto que he leído algo de literatura luterana —susurró—. ¿Quién no? ¿Me vas a decir que nunca lo has hecho?

Jerónimo titubeó. Si alguien fuera a inspeccionar su celda y revisara por debajo de su buró, hallaría unos papeles envueltos en tela. Y si esa persona llegara a abrir dicha tela... encontrarían las hojas protestantes que encontró en el árbol.

Pero no se atrevió a leerlas. Estaba demasiado nervioso, temeroso. Puso las hojas varias veces delante de él, temblando, pero no logró leerlas. Por eso seguían allí, escondidas.

«Si llegan a inspeccionar nuestras celdas, soy hombre muerto», pensó.

—¿Jerónimo? ¿Estás conmigo?

—Perdón. La respuesta es no. Nunca he leído nada luterano —dijo. Lo cual era cierto. Excepto esos tres libros que..., bueno, técnicamente no los había leído. Solo hojeado. ¿Eso contaba?

—¡No te creo! ¿Vos, el erudito?

—No puedo creer que vos sí.

—Pues no soy un teólogo eminente como vos; pero estar familiarizado con el error es parte de lo que hace a un buen teólogo.

—¡Mírate! Nunca pensé que te escucharía hablar así.

El resto del día lo pasaron con los preparativos. Cuando se metió el sol, después de rezar, regresó a los dormitorios, entró en su celda y encendió la vela.

Se quedó sentado en la cama, pensando en los acontecimientos del día. Las hojas, escondidas bajo el buró, eran como una piedra imán. No podía dejar de pensar en ellas. Tenía que leerlas. Aunque la puerta estaba cerrada, no tenía ningún tipo de traba o candado. Cualquier monje podía entrar si quería, aunque normalmente se respetaba mucho las celdas ajenas.

Se decidió. Sacó las hojas envueltas en tela, las puso sobre el escritorio, y acercó la luz. Quitó la envoltura. Ahí estaban las hojas. Serían unas siete.

Admiró la primera página, con el grabado del oso comiendo miel. Se fijó en algo que no vio la primera vez. Por debajo del dibujo había unas palabras en hebreo y, debajo del hebreo, una frase en español: *La palabra del Dios nuestro permanece para siempre.*

Tan solo leer esas palabras le causó un escalofrío. Toda su vida había leído las Escrituras en latín. Sabía un poco de hebreo, y tenía buen dominio del griego, pero, por supuesto, después del español, el latín era el idioma que dominaba mejor. Era el idioma de la Iglesia. Era el idioma de la Biblia de la Iglesia: la Vulgata. El latín era el idioma perfecto, el idioma escogido por Dios para transmitir sus verdades a la Iglesia.

¿Qué clase de personas eran estas, que se atrevían a traducir la Sagrada Escritura al español, un lenguaje bajo? Sin embargo... leerlo en su propio idioma le causaba una mezcla extraña de sentimientos: terror, por un lado, de leer aquello que el magisterio prohibía, y emoción, por el otro, de leer la Palabra en su propio idioma.

Escuchó unos pasos, rápidamente escondió todo, y prefirió dormir.

Septendecim

Se palpaba la tensión en la misa de la mañana. Jerónimo lo sentía. Todos lo sentían. La iglesia estaba llena. Los domingos por la mañana se abría para que cualquiera del pueblo viniera a celebrar la misa allí, en el monasterio. Normalmente tenían mucha gente. Pero este día en particular, incluso había personas de pie. La noticia de que el inquisidor iniciaría un edicto de fe se extendió por el pueblo. Sin embargo, fray Domingo había aclarado que la proclamación se daría por la tarde, en la fiesta, y no durante la misa, aunque eso era lo más común.

El abad, mientras oficiaba, se notaba un poco nervioso. Entonces supo por qué. Cuando fue el momento de la homilía, el inquisidor se puso de pie y subió al púlpito. Fray Domingo anunció el texto, que provenía de Lucas 14.23. Lo leyó:

Et ait dominus servo: Exi in vias, et sepes: et compelle intrare, ut impleatur domus mea.

—El texto de hoy viene de la misma boca de nuestro Señor Jesucristo —dijo el inquisidor con absoluta seriedad. El silencio en la iglesia era impresionante—. Su traducción es la siguiente: «El señor le dijo al siervo: anda por los caminos y por los vallados, y fuérzalos a entrar, para que llena esté mi casa».

»La palabra de Dios claramente, por la boca de nuestro Señor, proclama que a la Iglesia se le ha dado el poder de dar la entrada al banquete del Reino de Dios. Esas llaves, dadas a San Pedro, las cuales residen en la Santa Sede, por el poder de nuestro santo padre han sido dadas a la Santa Inquisición.

No fue un discurso largo. De hecho, sorprendentemente, la actitud del inquisidor fue tranquila. Sonriendo al pueblo. Incluso al abad Ricardo, sentado allí cerca, se le relajaron los hombros.

Fray Domingo terminó minutos después.

—Queridos hermanos, mi deseo, y el deseo de todos los míos, es la salvación de sus almas. Nosotros velamos por sus almas, y lo seguiremos haciendo. *In nomine Patris, et Filii, et Spiritus Sancti. Amen.*

⚜

—No estuvo tan mal —dijo Bernardo por la tarde.

—Sorprendentemente, no. Todos estaban nerviosos. ¡Pero ninguno como el abad! —dijo Jerónimo.

—Es extraño ver a fray Ricardo nervioso. Nunca lo había visto así —dijo Bernardo.

—Y todavía falta ver lo que sucede hoy —les recordó Maclovio.

Estaban en la plaza, en donde se había instalado el mercado y, sobre todo, la feria. El sol no golpeaba ya tan fuerte, así que todo el pueblo disfrutaba de la fiesta. Se oían risas y conversaciones por todos lados. El olor a comida era suculento: pollo, salchicha, pan, dulces de leche...

Incluso los monjes recibían el permiso para jugar en la feria ese día, aunque siempre con cordura y modestia.

—¿Quieren jugar al arco y flecha? —les preguntó Maclovio.

—No, amigo —le dijo Bernardo—. Ya sabemos bien que vos eres el flechero estrella.

Pero Maclovio logró convencerlos y, minutos después, jugaban los tres. Maclovio, por supuesto, les ganó. Siempre ganaba en cualquier juego que tuviera que ver con puntería, ya sea con arco, ballesta, dardos o cuchillos.

De todas maneras, jugaron de buena gana. Tenían que aprovechar la fiesta, porque solo en las celebraciones del pueblo podían salirse un poco de la rutina de trabajo y oración para divertirse un poco.

No que a todos les gustara. Fray Agustín siempre refunfuñaba más de lo habitual cuando se aproximaba una fiesta, y hacía lo posible para evitar siquiera estar presente. El viejo monje pasó cerca de ellos llevando una canasta con pan a quién sabe dónde, con su bastón repicando el suelo, y aprovechó para exhortarles.

—Las armas son del demonio —les dijo lo suficientemente fuerte para que escucharan todos los que jugaban en el toldo—. Nuestro mismo Señor lo dijo: «Los que usan las armas, morirán por ellas».

—Sin embargo, recuerdo a un teólogo decir... —dijo una voz a sus espaldas. Era fray Sebastián, con las manos entrelazadas y escondidas en las mangas, y una sonrisa medio burlona en la boca— que las armas pueden usarse cuando la causa es justa. ¿Quién habrá sido el teólogo que lo dijo? —agregó mirando a fray Agustín de soslayo, pero el monje medio encorvado musitó algo y se retiró.

—¿Quién fue el teólogo que lo dijo? —preguntó Jerónimo.

—Pues san Agustín, ni más ni menos —respondió el bibliotecario, y todos soltaron la carcajada.

Pasaron un tiempo de alegría yendo de toldo en toldo, jugando a todo (aunque cuidando el poco dinero que tenían). Pero la felicidad no duró mucho, pues se avisó que el inquisidor estaba por anunciar sus palabras. El sol se pondría pronto, y era el tiempo en el cual más personas disfrutaban de la feria.

Jerónimo y sus amigos caminaron hacia la plaza principal, en donde se había improvisado una tarima de madera y un púlpito. La gente se aglomeró en el lugar. El inquisidor no se veía por ningún lado. Ahora que lo pensaba, no recordaba haberlo visto desde la misa. Pero cuando el murmullo de la gente cesó, supo que el inquisidor había arribado. Efectivamente, la gente se apartó mientras caminaba seguido de dos guardias, y subió solitario e imponente a la tarima. Todos guardaron silencio. Incluso los niños, cosa que sorprendía. Los primeros cinco minutos del discurso fueron sin novedad. El inquisidor agradeció la hospitalidad de la abadía, y elogió al pueblo por esa excelente fiesta que había organizado.

—Lamento decir que la razón que me trae a estas tierras no me llena de gozo, sino de pesar. Y lo diré de manera clara y absoluta: hay herejía en este pueblo.

Se levantó un murmullo, incluso uno o dos gritos de espanto.

Jerónimo buscó entre la gente y encontró al abad, cerca de la tarima, con la cara seria. Junto a él, además del prior, estaba el alcalde. El alcalde, con sus ropas espléndidas, parecía consternado, pero no preocupado.

Allí estaba también fray Sebastián. Pero no podía verle bien el rostro, porque llevaba la capucha puesta, que le escondía los ojos en la sombra. Sus labios eran una línea casi recta, inclinada levemente hacia abajo.

—Sí, ovejas mías, herejía —continuó—. Pero no os preocupéis. Nuestro santo padre el papa no nos ha dejado abandonados. Me ha encomendado a mí, su sabueso, encontrar toda herejía y arrancarla de raíz. Así que declaro que, por los próximos tres días, habrá perdón absoluto y completo a toda persona que confiese ser parte de una secta. Lo han escuchado bien: perdón de sus pecados y restauración a estado de gracia.

De nuevo, un murmullo, y la gente mirándose unos a otros.

—Sé que en este pueblo hay familiares de la Inquisición.

«Ah, los famosos familiares», pensó Jerónimo. Era la manera en la que la Inquisición tenía ojos por todos lados. Se les llamaba «familiares de la Inquisición» a laicos que mantenían los ojos y las orejas bien abiertas, buscando cualquier indicio de herejía en el pueblo. Cuando se enteraban de algo, como un rumor de que una mujer era bruja, o de que un hombre había dicho algo en contra del papa, eran ellos quienes pasaban la voz a los inquisidores.

Se sabía bien que la Inquisición recompensaba generosamente a quienes lograban destapar alguna conspiración en contra de la doctrina ortodoxa de la Iglesia católica. Indudablemente, en el pueblo debía haber varios, quizá incluso muchos familiares de la Inquisición. Sin embargo, esto se mantenía en secreto, pues de lo contrario su trabajo se vería frustrado.

El inquisidor continuó:

—A todos los familiares de la Inquisición en este pueblo, os invito a reunirse conmigo lo más pronto posible. Y por supuesto, a aquellos que quieran ser parte vengan a verme, también. Se darán indulgencias plenarias para todos aquellos que cooperen. Con estas indulgencias podrán librarse del fuego del purgatorio y también sacar a sus seres queridos de ahí.

Un momento de silencio. Todas las personas con los ojos puestos en el inquisidor. Levantó ambas manos, como bendiciendo al pueblo.

—Hay misericordia en la Iglesia. Pero aquel que se rehúse a recibirla le prometo por Dios que, en un par de semanas, su cuerpo arderá en esta misma plaza.

Duodeviginti

Jerónimo temblaba. Pasaba un par de horas de la medianoche y hacía frío. Estaba bien tapado debajo de gruesas
colchas, pero, aun así, su cuerpo se estremecía. Pero no
era de temor. Los escalofríos venían de saber que debajo
de su buró estaban esas hojas que podían mandarlo a la
hoguera. Y si lograba él escaparse, indudablemente ardería
alguno de sus hermanos.

Sí, fray Sebastián estaba involucrado en esto. Todavía no
lo podía creer. Su mente le daba vueltas; fray Sebastián,
el erudito; fray Sebastián, el bibliotecario; fray Sebastián, el
futuro teólogo... ¿protestante?

Solo se escuchaban los ronquidos provenientes de las
demás celdas.

Y la cuestión se intensificó con el edicto de fe. Las
indulgencias eran un poderoso incentivo para la gente.
Eran precisamente las indulgencias que habían provocado
el inicio del luteranismo algunos años atrás. Pero estas se
seguían dispensando por todos los territorios católicos, y
los pueblerinos las anhelaban de todas las formas.

Miró en dirección al buró. Un sudor frío le brotó por
el cuerpo. Se decidió. Se puso de pie, caminó de puntitas

hacia el buró, encendió la vela, sacó el paquete, lo abrió y puso las hojas frente a él. Miró la segunda hoja. Pertenecía al primer capítulo de Romanos.

Sí, estaba en español. No lo podía creer. Era la primera vez que veía la Escritura Sagrada en su idioma. Sus ojos cayeron en los versos 16-17, que había oído ya muchas veces en latín, en la misa.

> «Porque no me avergüenzo del evangelio, porque es potencia de Dios para dar salud a todo aquel que cree; al judío primeramente y también al griego. Porque en él la justicia de Dios se descubre de fe en fe. Como está escrito: Mas el justo vivirá por la fe».

Leyó de nuevo el pasaje, una y otra vez. Sus ojos se clavaron en esas palabras y provocaron en su interior algo que nunca había sentido, una especie de fuego incontrolable. Antes temblaba por fuera, pero ahora temblaba por dentro. Sobre todo con esa frase que parecía brillar, como si estuviera iluminada: «Mas el justo vivirá por la fe».

Las últimas tres páginas eran un tratado. Un ensayo teológico sobre, precisamente, la doctrina de la justificación. Faltaba el principio y el final del ensayo, así que no sabía quién era el autor. Leyó detenidamente, pero con voracidad, como si las palabras fueran un bocado ofrecido después de un largo ayuno. Todo lo que leía le parecía lógico, bien pensado, bien argumentado desde las Escrituras. Llegó a un pasaje que decía:

> «Finalmente, meditando día y noche, por la misericordia de Dios, yo comencé a entender que la justicia de Dios es aquella a través de la cual el justo vive

como un regalo de Dios, por fe. Con esto yo me sentí como si yo hubiese nacido de nuevo por completo, y que hubiese entrado al paraíso mismo a través de las puertas que habían sido abiertas ampliamente».

«Dios mío», oró. «¿Será esto cierto? ¿Será que todo este tiempo me he engañado a mí mismo? ¿Será que la salvación es... por la fe sola, sin obras?»

«No, no», se corrigió casi al instante. «No puede ser. Es absolutamente imposible».

La Iglesia católica era la que Jesucristo fundó, la que fundaron sus apóstoles. Había dado su vida a la Iglesia. Quería morir en el seno de la Iglesia. No como un protestante. Mucho menos consumido por las llamas de una hoguera, acusado de hereje. Escondió todo, y regresó a su cama.

«Tranquilízate, Jerónimo», se dijo. Pegó los párpados, que rehusaban a quedarse cerrados. Mañana sería otro día. Muchos pensamientos cruzaban su cabeza, pero no era el tiempo para ello. Valía mejor dormir.

Enfrentaría a Sebastián. Tenía que hacerlo. Tenía que decirle lo que sabía, sacarlo del pecho, darle la oportunidad de explicarse...

«Mas el justo vivirá por la fe», la frase hizo eco en su mente, y se quedó dormido.

Undeviginti

El *scriptorium* estaba en silencio. Era una mañana fresca del día lunes. Unos seis monjes, Jerónimo entre ellos, leían en sus respectivos pupitres. En un escritorio con libros apilados por todas partes que amenazaban con caerse al suelo en cualquier momento, fray Sebastián hojeaba un libro que tenía enfrente de él.

Hacía media hora habían rezado tercia, y desde que entraron al cuarto de escritorios, el bibliotecario no le había dirigido a Jerónimo ni una palabra, ni siquiera una mirada. ¿Sería que sospechaba algo? Podía ser que la noticia de que faltaban unas cuantas hojas ya había llegado a los oídos de fray Sebastián.

Jerónimo esperaba a que el bibliotecario entrara a la biblioteca. Allí le enseñaría lo que llevaba escondido en el hábito, en uno de los bolsillos, y que sentía como si ardiera: la primera hoja de la Biblia en castellano. Las demás las dejó en el buró. Solo necesitaba una. Cuando fray Sebastián estuviera en algún lugar de la biblioteca, lejos de miradas y oídos inquisitivos, lo emboscaría. Le enseñaría la hoja robada, y con eso sería suficiente. Entonces todo dependería de la reacción del bibliotecario, de lo que respondiera a las preguntas. Literalmente, su vida dependía de ello.

Sin embargo, fray Sebastián no se levantó de su escritorio. Permaneció allí, absorto en su lectura, escribiendo en un pergamino amarillezco. Jerónimo sabía que el bibliotecario llevaba casi un año estudiando el libro de Gálatas, preparándose para escribir un comentario sobre la epístola.

Pensó en caminar hacia el escritorio y enseñarle la hoja, pero no quería que otros vieran algo. Si eso sucedía, las cosas podían salirse de control, y no quería eso. Solo imaginaba el pandemonio que sucedería si alguno de sus hermanos veía esa hoja en su posesión, y enseñándosela al bibliotecario.

El resto del día buscó la oportunidad para su ofensiva, pero no encontró ni el tiempo ni el lugar adecuado. Fray Sebastián estaba con personas a su alrededor, o en algún lugar público.

Después de rezar completas, caminando hacia el dormitorio, se le emparejó Bernardo.

—Hoy has estado callado, hermano.

—Soy un monje, después de todo —le contestó—. Así que lo tomaré como un cumplido.

—Pero más que de costumbre.

Jerónimo se encogió de hombros.

—¿Todo bien, hermano? —insistió Bernardo.

Jerónimo asintió.

—Todo excelente, simplemente tengo muchas cosas en la cabeza.

—La Inquisición te ha puesto de mal humor.

—¿No nos ha puesto a todos?

—Sí... supongo que sí. Arruinó la fiesta de ayer. ¿Viste la cara de todos al retirarse? Peor que en un funeral.

—En los funerales hay tristeza. Pero ayer no vi tristeza. Vi temor.

—Pero tú y yo no tenemos nada que temer, amigo. Que teman los apóstatas. Nosotros no.

De nuevo, esa noche, no pudo dormir. Regresó la hoja que llevaba encima a por debajo del buró, y puso el paquete en el fondo, para que nadie pudiera ni siquiera verlas por accidente.

Le invadió otra vez el sudor frío. Sentía un peso sobre sus hombros, sobre su pecho, sobre su estómago... se sentía aplastado. Como por una roca enorme. Se puso a rezar, pidiéndole a Dios que le diera la sabiduría que necesitaba.

«Tengo que deshacerme de los escritos luteranos inmediatamente», pensó. Probablemente era eso lo que no lo dejaba dormir. Mejor quemarlos y deshacerse de toda la evidencia que le comprometiera. No era necesario tener las hojas para enfrentarse a fray Sebastián. Simplemente le contaría todo.

Escuchó el rechinar de una puerta. Era tarde para que alguien estuviera fuera de su celda. Probablemente era algún hermano mayor, que salía para usar las letrinas.

Pero luego oyó unos pasos cautelosos, como de alguien que no quiere ser descubierto. Los hermanos ancianos, cuando salían por la noche, más bien hacían mucho ruido. No les importaba despertar a medio dormitorio.

Se sentó sobre su cama y cerró los ojos, concentrándose, escuchando. Minutos después otra puerta se abrió. Y después otra más. No, esto ya no era normal. Esperó un poco, caminó hacia su puerta, y ahora fue él quien la abrió con mucho cuidado, lentamente. Asomó la cabeza por el pasillo pero no vio nada... ¡un momento! ¿Había visto dos sombras desaparecer por la puerta trasera? Solo había una manera de saberlo: investigar.

Apresuradamente se puso el hábito y las sandalias, y salió de su cuarto, por el pasillo, hasta llegar afuera. Fue un milagro que no lo vieran los cuatro monjes congregados a unos diez pasos de él, pero se pegó a la pared y las sombras lo ocultaron. Conversaban en voz baja, y después caminaron en fila india, alejándose de los dormitorios.

Jerónimo sabía perfectamente bien hacia dónde iban. Saldrían por la puerta de los desechos. Así que los siguió a una distancia prudente, escondiéndose, como ellos, en las sombras que proyectaban los edificios y lo ocultaban de la luz plateada de la luna.

Los siguió hasta la bodega, a la cual entraron por la puerta principal. Uno de ellos tenía llave. Aunque cerraron la puerta tras de sí, una ventana lateral estaba abierta (normalmente no se preocupaban por cerrar las ventanas, ¿quién se atrevería a robar en el monasterio?), y por allí entró.

Llegó hasta la puerta de los desperdicios. Los cuatro monjes ya la habían atravesado. Asomó la cabeza, y los vio descendiendo por la vereda. Cuando estuvo seguro de que no lo escucharían, se lanzó. Los siguió. Pero para su sorpresa, no se dirigían hacia donde él pensaba, hacia el bosque. Caminaban en dirección al pueblo.

Viginti

Podía escuchar en su cabeza los latidos de su corazón, y un tambor en el pecho. Los seguía de lejos, escondiéndose entre las sombras. Ellos caminaban apresuradamente, con las capuchas puestas. El pueblo estaba completamente desierto a esa hora.

Jerónimo caminaba por la calle adoquinada con cuidado de que el sonido de sus pasos no llegara a los oídos de los cuatro que iban delante de él. No tenía ni la idea más mínima de a dónde se dirigían. Eso lo ponía nervioso. Los seguiría hasta donde pudiera, pero no se arriesgaría a ser visto. Si entraban a una casa, que era lo más probable, tendría que regresar a la abadía.

Sintió una mirada a sus espaldas. Se le erizó el vello del cuello pero, al mirar rápidamente hacia atrás, la calle estaba vacía —¿o había visto una sombra escondiéndose?

«Es el nerviosismo», pensó. «Tienes que tranquilizarte. No te han visto».

Miró hacia arriba, hacia el cielo estrellado. El único que lo veía todo era Dios, el omnipresente.

Se adentraron más y más en el pueblo, serpenteando por las calles. No llegaron a una casa, sino a un granero de unos dos pisos de altura. Jerónimo no sabía quién era el dueño de esa bodega. Los cuatro llegaron a la puerta, y tocaron a ella, obviamente en clave: *nap, nap-nap-nap, nap, nap.*

Aguardaron afuera, mirando furtivamente a su alrededor, pero no podían verlo, pues él los observaba desde una esquina, cubierto en tinieblas. La puerta se abrió apenas, rechinando suavemente en la noche, y los cuatro monjes entraron.

Esperó unos momentos. Probablemente no saldrían, pero no quería arriesgarse a acercarse solo para ser sorprendido por ellos al salir. Pasado tiempo suficiente, se acercó al granero.

Obviamente no entraría por la puerta principal. Tendría que intentar por las ventanas. Por el lado derecho, el granero tenía adjunta una casa, presumiblemente donde moraba el dueño. Del lado izquierdo corría un callejón angosto, y atrás una calle ancha. Por el frente, las dos ventanas, firmemente cerradas. Por el lado del callejón, ni una ventana. Por atrás, dos, una abierta, pero a una altura imposible. Podía intentar escalar los tablones para llegar a ella, pero no correría el peligro de quebrarse la espalda en una caída.

Buscó por el lado derecho, el de la casa. Dos ventanas pequeñas en la bodega, una de ellas parecía estar abierta, aunque no veía bien. La única manera de alcanzarlas era subiéndose al techo de la casa. Eso no fue difícil. Después de dar dos saltos, llegó hasta allí. Sí, estaba abierta, pero apenas y podía alcanzar el marco inferior.

Un salto, empujarse hacia arriba, y listo. Estaba en el techo del granero, por dentro. Varias vigas corrían a lo largo, con otras perpendiculares, y otras más gruesas a lo ancho, como soporte. Las vigas eran lo suficientemente anchas para caminar por ellas.

Abajo, el granero estaba fraccionado en cuartos, uno grande, y varios pequeños. De uno de los pequeños emanaba la luz de una linterna, además de varias voces hablando en susurros. Parecía que cantaban.

Pensó en salir de allí. ¿Qué hacía en el techo de un granero? ¿En qué estaba pensando? Esto no le correspondía a él. No era un espía. Pero ya estaba allí. Tan cerca y con curiosidad. No lo pudo evitar. Cautelosamente, caminando por las vigas, se acercó. Lo que vio lo sobresaltó. Eran unas veinte personas, hombres y mujeres, además de los cuatro monjes, quienes seguían encapuchados. Estaban todos sentados en hileras, en sillas, y cantaban. Al frente, un pequeño atril de madera, desde donde un hombre viejo y calvo parecía guiar el canto. No podía reconocer la letra, pero era un canto religioso.

«Castillo fuerte es nuestro Dios, defensa y buen escudo...».

Tenía que ser un canto protestante, porque no sonaba a ningún cántico litúrgico. Era más... lírico. Parecía música popular. Además, por supuesto, de que no cantaban en latín.

«Dios mío», pensó, «esto es una reunión protestante».

Terminado el canto, el hombre al frente dijo:

—Gloria sea a nuestro Dios por el privilegio de adorarle. Y ahora, un privilegio todavía más grande: escuchar la Sagrada Escritura en nuestro idioma.

De los cuatro monjes, uno se había sentado en una esquina. Era casi imposible verlo, la luz no lo alcanzaba. Los otros tres estaban en la primera fila. Uno de ellos se puso de pie, llevando consigo un libro grueso.

Lo abrió, y justo antes de comenzar a leer, se descubrió la cabeza, al igual que el resto de sus compañeros. Para Jerónimo fue como si le succionaran el aire del pecho. Un grito ahogado se escapó de su garganta. Fray Sebastián al frente, a punto de leer. Y sentados: fray Agustín y fray Ramón.

Viginti unus

Varias horas antes de que Jerónimo saliera por la noche siguiendo a los cuatro monjes, fray Domingo reposaba en su aposento.

Se había perdido de vísperas y de completas, y pidió que le mandaran la comida a su cuarto, a lo cual el prior accedió sin problema.

—Me pregunto si esto ha sido una pérdida de tiempo —dijo en voz alta. Estaba sentado frente una pequeña mesa, con los alimentos a medio comer. Cerca de él, sentado, fray Junio, su asistente, quien levantó la vista sin estar seguro de que le dirigía la palabra.

—Alguien hablará —dijo el joven secretario—. Siempre es así. Las indulgencias y el dinero siempre hacen efecto.

—Bendigo el día en el que salgamos de este pueblo odioso.

No solo estaba de mal humor, además le dolía la cabeza. Quizá le dolía la cabeza por su mal humor.

Por alguna razón, esperaba que después del edicto de fe, varias personas vinieran con información útil. Pero no se acercó absolutamente nadie.

—Me pregunto si el alcalde me dio información falsa. No me fío de los laicos, y menos los que se visten como él, con colores absurdos. Y esa nueva moda, ¡bah!

Fray Junio sonrió.

—Ya verá, señor. La divina providencia estará de nuestro lado.

Unos pasos pesados se acercaban. Imposible no reconocer a Rómulo (no el monje, sino su guardaespaldas) que venía.

—Quizá hayas hablado como profeta —dijo el inquisidor al momento que tocaban a la puerta, y después del «adelante», entró el guardia.

Rómulo no era un hombre que sonreía. No habitualmente, por lo menos. Solo lo había visto sonreír cuando le quitaba la vida a algún pobre individuo.

Allí, de pie bajo el marco de la puerta, el cual le rozaba la cabeza, el grandote no sonrió, pero sus ojos brillaban.

—¿Buenas noticias? —le preguntó fray Domingo.

Rómulo asintió.

⚜

Media hora después, el carruaje del inquisidor salía por la puerta principal del monasterio en dirección al pueblo, con Rómulo tirando de las riendas, y con el inquisidor y Junio dentro en la cabina.

—Tenías razón, fray Junio, las cosas parecen ir mejorando.

—Dios siempre nos ayuda a deshacernos de los protestantes.

—Y esta no será la excepción. Siento que algo está por cambiar. Tengo un olfato para esto —dijo, dándose tres golpecitos en la nariz.

El carruaje se detuvo. Salieron. Un sector pobre del pueblo. Rómulo los guio a una choza medio derrumbada. El guardia se quedó afuera, en la puerta. Dentro los recibió un hombre encorvado al que le faltaban los dos dientes delanteros, y olía peor que un cerdo recién revolcado en heces.

Su mujer, que competía con su esposo por el premio al peor olor, y que a diferencia de su delgado esposo era bastante gruesa, les apuntó a un par de sillas.

—Siéntense, siéntense, mis señores —les dijo.

—No nos sentaremos —respondió fray Domingo, a secas.

La mujer, no acostumbrada a la falta de cortesía, abrió los ojos como espantada, pero cerró la boca. Después agregó:

—¿Gustan un poco de... vino? —dijo con temor a que dijeran «sí», porque probablemente no tenían vino en la casa, y si tenían, sería poco y de pobre calidad.

—¿Quién es el de la información? ¿Vos? —dijo mirando al hombre.

—Sí, excelentísimo padre, sí. Hablé con su soldado, y le dije que yo, que nosotros, somos fieles católicos, amigos de la Inquisición. Comulgamos todos los domingos, ¡todos los días incluso!, y le encendemos velas a nuestro santo padre el papa, y por supuesto, a la madre de nuestro Señor. Nunca nos atreveríamos a ir en contra de la Iglesia.

—¿Tienes información o estoy perdiendo mi tiempo? —le interrumpió.

Imitando a su esposa, el hombre abrió los ojos y cerró la boca. Intentó hablar, titubeó, tragó saliva, luego:

—Sí, mi señor, sí —se frotó las manos—, yo soy un fiel católico... pero sospecho que mi patrón no lo es.

—Continúa.

—Trabajo en un pequeño granero, padre mío. No lejos de aquí. Almacenamos un poco de todo, pero principalmente heno y paja —hizo una pausa, pero por contestación recibió la mirada fría del inquisidor—; desde hace varios meses sospecho que algo anda mal con el patrón. Ya sabe, dejó de ir a misa. En un pueblo como este, eso no es común.

—¿Y? ¿Eso todo?

—No, mi señor, no. No es todo. La otra noche se perdió mi mula. Es una mula vieja, somos pobres como vuestra merced verá, y es la única que tengo. No podía perderla. Así que salí en la madrugada a buscarla, y la encontré no lejos de aquí. Pero de regreso, pasé por la bodega, y... y...

—¡Habla, hombre!

El hombre pareció encorvarse todavía más.

—Mi señor, debe entender que si pierdo mi trabajo por esto, no podremos sobrevivir. Tengo cinco chiquillos, ya dormidos, pero cada uno come como un caballo, como vuestra merced sabrá.

Fray Domingo sacó un escudo de oro y se lo lanzó. El hombre lo atrapó y se quedó petrificado. Su esposa, que escuchaba todo de cerca, apresuradamente se acercó a su marido y le arrebató la moneda, estupefacta. El viejo estaba por ponerse de rodillas y besarle los anillos de la mano, pero fray Domingo espetó:

—Si no ladras ya, mi guardia te lo arrebatará, al igual que otro par de dientes.

—Es una reunión ilegal, mi señor —respondió apresuradamente.

—¡¿Qué?!

—Una reunión. En el granero. En la madrugada. Asisten varios del pueblo. Y también algunos monjes.

Un escalofrío recorrió la espalda del inquisidor.

—¿Monjes? ¿Seguro?

—Completamente seguro, mi señor. Los vi con mis propios ojos. Soy viejo, pero tengo buena vista. Monjes, mi señor. Cuatro.

«Los tengo», pensó.

Antes de subir al carruaje, fray Domingo le dijo a Rómulo:

—Que te diga exactamente dónde queda ese granero, y a qué hora fue la reunión ilegal.

Rómulo asintió.

—Luego acecha el lugar. Volverán a tener la reunión. Pero no los capturaremos allí. No. Esperaremos un poco, pondremos cuidadosamente el lazo alrededor de su cuello, y cuando estén confiados, ¡juic! —hizo la señal del ahorcado.

Rómulo asintió.

—Si la información es falsa, quema su casa, con ellos dentro.

Rómulo asintió, con los ojos brillando.

Mientras regresaban al monasterio, con el carruaje rebotando en la calle, fray Domingo se percató de que se había esfumado el dolor de cabeza.

Viginti duo

Jerónimo, que siente un sudor frío brotándole por toda la piel, sabe que tiene que salir de allí cuanto antes.

Abajo, en la reunión ilegal escucha lo que parece ser una homilía de parte de fray Sebastián.

Nadie ha notado su presencia. Está lo suficientemente arriba y la luz no lo descubre. Da un paso hacia atrás, un segundo paso, y en el tercero, la madera cruje. Apenas un poco. Siente que se le para el corazón. Mira hacia abajo, con la cara contorsionada del terror, pero nadie parece escuchar el ruido extraño. Nadie, excepto fray Agustín. Discretamente, el viejo monje tuerce su torso y mira hacia arriba, directamente hacia él.

«Me han atrapado», piensa Jerónimo.

Pero nadie imita al monje, sino que todos continúan con su vista al frente. Jerónimo recuerda que fray Agustín no tiene buena vista. Cuando el monje regresa su mirada al frente, Jerónimo retoma su huida, esta vez con más cuidado.

Sale del establo, y decide que no le importa mucho ya si lo ve alguien, siempre y cuando no sea ninguno de los que están dentro del establo. Así que echa a correr por las calles en dirección a la abadía.

Mientras cruza un pequeño puente, siente de nuevo que alguien lo mira. Se detiene. Pero no logra ver a nadie. Debe ser su imaginación. Sin embargo, si en verdad alguien lo está viendo, probablemente lo hace desde un escondite.

«Ya qué importa», piensa. Lo que quiere es salir de allí.

Cuando finalmente llega a los dormitorios, entra por la puerta trasera y se dirige a su celda haciendo el mismo ruido que un ratón pasando por detrás de un gato dormido. Esta vez no quiere que nadie lo vea. De todas maneras, prepara una excusa. Si alguien lo detiene, dirá que fue a la letrina. Sí. Buena excusa, esa.

Dentro de su cuarto, se mete bajo las cobijas. Está temblando. «No puedo creer lo que acabo de ver. Cuatro herejes entre nosotros. ¡Cuatro! ¡Y quiénes! Dios mío, ¡hasta fray Agustín es uno de ellos! ¡Por nuestra señora! No solo ellos arderán, nos mandarán a todos a la hoguera. Sospecharán de todos nosotros. Arderemos TODOS», repite una y otra vez en su cabeza. Intenta calmarse, pero nada. Está dando espasmos. Le zumban los oídos. Le duele el pecho. Está jadeando.

«Debo deshacerme de los manuscritos heterodoxos ya», toma una decisión atenazado por el miedo.

Los quemará. No hay tiempo que perder. Salta de la cama y enciende la lámpara. Pero no puede quemarlos allí, ¿qué está pensando? El olor podría alertar a sus hermanos. ¿Y qué excusa pondría? Estoy quemando pergaminos porque... ¿por qué? ¿Porque tenía de sobra? ¿Porque se le ocurrió que la madrugada era una excelente hora para quemar hojas?

Metió la mano debajo del buró, sintió el paquete, y lo supo por dos razones: primero, porque el paquete no estaba donde lo había dejado; segundo, porque cuando lo sacó, el envoltorio tenía un nudo doble, y no triple, como el que él usaba.

Sí. Supo que alguien había descubierto los manuscritos herejes.

Viginti tres

A l día siguiente, Jerónimo esperaba que en cualquier momento sería llevado a la presencia del inquisidor, acusado de hereje, puesto en prisión, y que comenzaría el proceso en su contra, el cual podría acabar con su muerte. Sin embargo, el día pasó sin novedad.

Lo mismo con el siguiente día. A la hora de la comida, lanzó miradas furtivas en dirección al inquisidor, pero este comió sin siquiera levantar los ojos. En un momento cruzó la vista con el joven secretario, que siempre tenía una cara como de alguien que acaba de chupar un limón agrio, y se le figuró que el joven sonrió levemente al verlo, pero no estaba seguro.

Para el jueves, entendió que esto era un juego. Sentado en su pupitre en el *scriptorium*, después de rezar tercia, se puso a pensar.

La persona que descubrió su secreto por alguna razón se lo estaba guardando. Probablemente lo acechaba como un león a su presa, escondido entre los arbustos, esperando algún descuido para lanzarse a su yugular.

Su enemigo secreto había regresado el envoltorio a su lugar original, dejando todas las hojas intactas, e incluso lo ató de nuevo, sin darse cuenta de que el nudo era doble y no triple. Por lo tanto, contaba con que Jerónimo no se había dado cuenta. Eso era lo único que tenía a su favor. Era una ventaja débil, pero era algo. Tenía que descubrir a su enemigo secreto antes de que fuera demasiado tarde.

Por supuesto, estaba la opción de confesarle todo al inquisidor. Pero su instinto le decía que no lo hiciera. Asumiendo que la información de su paquete escondido no había llegado todavía a los oídos del inquisidor, si confesaba, su enemigo secreto indudablemente saldría a la luz y le daría esa información a fray Domingo.

«Su señoría, Jerónimo dice ser inocente, pero déjeme decirle lo que encontré debajo de su buró...».

Eso lo pondría en un tremendo aprieto, porque ahora tendría que defender la razón por la cual no delató inmediatamente la situación, y peor, la razón por la cual no se deshizo inmediatamente de las hojas.

El inquisidor, indudablemente, pensaría que solamente trataba de evadir su culpa, y probablemente lo torturaría para sacarle más de lo que en realidad sabía. Al final de todo, terminaría calcinado él junto a fray Sebastián, Agustín, Ramón, y el cuarto monje de quien todavía no sabía su identidad, pero que sin duda encontrarían.

No podía quedarse sentado, esperando a que lo capturaran. Tenía que hacer algo. Idear un plan de acción. Así que decidió que, para empezar, dos cosas eran imperativas: primero, deshacerse de las hojas; segundo, investigar quién era su enemigo secreto.

¡Y confrontar a fray Sebastián! ¿O no? ¡No podía decidirse! Eran cuatro monjes los herejes, no solo uno. No estaba seguro todavía de cómo llevar a cabo el segundo punto, pero sobre el primero se le ocurrió una idea.

Salió del cuarto de escritorios apresuradamente, se dirigió a los dormitorios, asegurándose de que nadie lo siguiera. Estos estaban vacíos. En su celda, tomó el paquete, lo escondió debajo de su hábito, y regresó al *scriptorium*.

Caminó hacia fray Sebastián, quien leía detenidamente un libro grueso, y dijo:

—Fray Sebastián, entraré a la biblioteca. Eh, necesito regresar un par de libros.

—Adelante —le contestó sin levantar la vista.

Se dirigió hacia la puerta de la biblioteca, y a medio camino recordó que no llevaba consigo ningún libro. No quería levantar sospechas. Regresó a su pupitre, tomó dos libros, y entró a la biblioteca.

Subió hasta el tercer piso. Estaba seguro de que no habría alma alguna allí. Efectivamente, nadie. Recordaba que en una esquina oscura estaba un estante con tres libros que nadie jamás había abierto, probablemente desde que los pusieron allí.

Eran tres libros olvidados. Lo sabía porque él mismo revisó los registros, y con sorpresa se percató de que no estaban anotados.

No estaba seguro por qué nunca le había hablado a fray Sebastián de su existencia. Quizá porque le gustaba la idea de saber algo que nadie más, incluido el bibliotecario.

La realidad es que eran tres libros protestantes. Uno de ellos se titulaba *De Servo Arbitrio*, por el mismísimo heresiarca, Martín Lutero; otro, titulado, *Sanctae Inquisitionis hispanicae artes aliquot detectae* por un tal Gonsalvius Montanus, y un tercero, una traducción al castellano de *Institución de la religión cristiana*, de Juan Calvino. De los tres, solo se había atrevido a hojear un poco el primero. Dejó de leerlo porque, para su horror, le estaba gustando la lectura.

Sospechaba que alguien había sacado esos tres libros de uno de los cuartos con llave, los había dejado sobre el estante por alguna razón, y los olvidó allí. Esa era, por lo menos, su teoría. Era el escondite perfecto. Además, los libros descansaban en la quinta repisa. Pocos hermanos la alcanzarían sin ayuda de un banquillo. Él no era muy alto, pero de puntitas sacó el de en medio (*Sanctae Inquisitionis...*), puso el envoltorio dentro, lo regresó a su lugar, se dio la media vuelta, y casi lanzó un grito.

Fray Agustín caminaba hacia él, en silencio a pesar de su bastón. Cuando quería, Agustín podía moverse como fantasma.

«Quizá no me ha visto», pensó.

—¿Eres vos, fray Jerónimo? —le dijo el viejo monje.

—Fray Agustín, por poco me paraliza el corazón. No lo escuché.

—Y yo no te vi, hijo mío. Mis ojos no son lo que eran. ¿Buscas un libro en particular? Puede que no recuerde lo que comí ayer, pero esta biblioteca la tengo impregnada en mi memoria.

—Sí, buscando algunos libros de san Anselmo.

—¿En esta sección? —le dijo arrugando la frente.

—Bueno, me gusta divagar un poco, ver los libros.

—Hijo mío, en esta sección no hay nada bueno. Puedes verlo en los libros mismos, todos llenos de polvo. Acompáñame y te llevaré a la sección correcta. Ven, ayúdame.

Fray Agustín levantó el codo, Jerónimo pasó su brazo por debajo para sujetarle.

Mientras caminaban, fray Agustín dijo:

—Sabes, muchacho, el no poder ver bien tiene sus ventajas.

—¿Sí?

—Por supuesto. Mis otros sentidos se agudizan. Mi oído, por ejemplo. Puedo escuchar muy bien.

A Jerónimo se le tornaba seca la boca.

—¿Y sabes —continuó fray Agustín— cómo te reconocí? ¿Hace un momento?

—Eh, no.

—Por tu olor, muchacho. No estoy diciendo que tengas un mal olor, pero todos tienen un olor distintivo.

Jerónimo musitó un «ajá».

Repentinamente el viejo monje se detuvo, tomó a Jerónimo por el pecho y, con sorprendente fuerza, lo acercó hacia él. Tan cerca que podía oler su aliento.

—¿Eras vos, muchacho?

—¿Yo? No entiendo...

—No me mientas.

—Fray Agustín, no sé a qué se refiere, pero sea lo que sea, le puedo asegurar que yo no, yo no...

Lo acercó todavía más. Nariz con nariz.

—Quiero que me escuches bien, muchacho, sea lo que sea que sepas, sea lo que sea que hayas visto, piensa muy bien las cosas antes de hacer algo —se le suavizó la cara, abrió los ojos y agregó—: Las vidas de tus hermanos podrían depender de eso.

—Pero fray Agustín, no tengo ni idea de lo que me habla.

Una sombra de duda cruzó los ojos del monje. Lo soltó y dijo:

—Quizá me equivoco. Quizá me equivoco.

Estuvo a punto de decirle. A punto de soltarlo todo. Lo tenía atorado en la garganta, pero no pudo hacerlo. Fray Agustín le quitó un polvo imaginario del hombro, le arregló el hábito, y se marchó. Jerónimo se quedó allí, respirando hondo, aturdido por lo que acababa de suceder.

Viginti quattuor

No tenía ni idea de cuánto tiempo permaneció de pie, sin poder moverse.

«Fray Agustín sospecha de mí», pensó. Más que sospechar. El monje estaba casi seguro. No creía que sus excusas habían logrado convencer al viejo Agustín de su inocencia.

Caminó de regreso hacia la escalera, y mientras pasaba frente a los cuartos, estuvo a punto de toparse con la espalda de un monje. Era Maclovio, que se dio la media vuelta y lo miró molesto por el susto, pero al reconocerlo, su semblante cambió de sorpresa a sospecha. O por lo menos así parecía, con los ojos entrecerrados.

—¿Jerónimo?

—Amigo, disculpa, no te vi. La biblioteca está muy oscura hoy.

—¿Qué haces aquí?

—Yo, eh, regresaba algunos libros. ¿Y vos?

—Venía por unos —respondió rápidamente.

—Ya casi debe ser hora de rezar sexta —dijo Jerónimo distraído, mirando hacia la escalera. Estaba por irse, pero Maclovio lo detuvo por el hombro.

—¿Estás bien? Parece que viste un fantasma.

—Estoy bien. Creo.

—¿Crees? Sabes que puedes confiar en mí, amigo.

—Las cosas andan mal, Maclovio, andan mal en este monasterio.

Maclovio bajó la voz:

—Tienes razón, amigo. Pienso lo mismo. Algo raro está pasando aquí.

—Más de lo que crees.

—¿Sí? ¿Por qué?

Jerónimo titubeó.

—No lo sé. Presentimientos.

—¿Presentimientos? Amigo, en este monasterio están pasando cosas concretas. Solo que nadie quiere hablar. Todos tienen miedo, y todos sospechan los unos de los otros. Pero el inquisidor tiene su nariz metida en todos lados. Alguien, finalmente, hablará, y si no nos adelantamos a ello, terminaremos todos interrogados por el inquisidor.

Jerónimo se persignó.

—Dios nos libre.

—¿Entonces? ¿Qué pasa? ¿Viste algo?

Jerónimo se debatía dentro de sí. Conocía a Maclovio desde hace mucho tiempo. Era de sus mejores amigos, y junto con Bernardo, les había contado muchas cosas de su vida. Pero Maclovio era, por carácter, frío. Él mismo no se abría mucho. Así que no estaba seguro si él era la persona adecuada para confesarle lo que sabía. Quizá si le decía una parte...

—Creo que vi algo extraño —dijo Jerónimo con voz tan baja que Maclovio tuvo que acercarse.

—¿Aquí? ¿En la biblioteca?

—No. En los dormitorios —luego, en un susurro—: Creo que hay monjes que salen en la madrugada, y no vuelven hasta tarde.

Los ojos de Maclovio, iluminados por la llama de la lámpara, se abrieron grandes.

—Eso no está bien, Jerónimo. Debes hacer algo al respecto.

—Pero ¿qué? ¿Decírselo al inquisidor?

—Si están saliendo para hacer algo indebido, definitivamente sí —dijo, pensando—. Pudieras decírselo primero al abad, y si él lo considera sabio, a fray Domingo.

—Esa es una buena idea. Hablar con el abad primero. Es una persona razonable.

—Lo es. Pero ¿estás seguro de que son varios?

—Sí. Varios. Unos cuatro, por lo menos.

—¿Quiénes?

—No lo sé —mintió—. No me atreví a seguirlos.

Los ojos de Maclovio relampaguearon.

—¿Cuándo fue?

—El lunes por la noche. No los he oído salir estos días.

Maclovio asintió.

—¿Y si los seguimos este próximo lunes? ¿Los dos? Si es que vuelven a salir el mismo día.

—Sí. Quizá...

—¿Algo más que quieras decirme, amigo? ¿Algo tuyo?

—¿Mío? ¿Cómo que mío? —dijo Jerónimo, repentinamente sospechando de su amigo.

Vieron la luz y la sombra de un hermano acercándose. No tuvieron que decir nada, sino que lo interpretaron como señal de que debían guardar silencio y marcharse.

Maclovio se adelantó y salió primero de la biblioteca. Jerónimo salió al *scriptorium,* e inmediatamente fray Sebastián se puso de pie y le interceptó la salida.

«Parece que hoy me estoy topando con todos los monjes», pensó contrariado.

—Hermano Jerónimo, esperaba verte. ¿Tendrás tiempo para una conversación?

«Quiero decirle que no, pero ¿cómo evitarlo?», dijo para sí.

—Por supuesto, fray Sebastián. ¿Aquí?

—No, mejor pasemos a la biblioteca. Así podremos conversar con más privacidad.

En ese momento sonó la campana, anunciando el rezo de mediodía. Los monjes en el cuarto de escritorios se pusieron de pie y se dirigieron hacia la puerta.

—¿Después de sexta? —sugirió Jerónimo.

—Sí, mejor. Si nos ausentamos, levantaremos... cejas. Hablemos después de la comida. Es muy importante —puntualizó.

«Me salvó la campana», se dijo Jerónimo al salir de allí.

Viginti quinque

En el rezo del mediodía, Jerónimo no podía concentrarse. Los pensamientos rebotaban en su cabeza sin que pudiera pararlos. Trataba de formular un plan sobre lo que le diría a fray Sebastián. Pensaba que ya era tiempo de soltar lo que sabía. Enfrentarlo.

El inquisidor no se presentó al rezo. Normalmente venía. Pero incluso con su ausencia, había tensión en el aire. Todos probablemente se formulaban la misma pregunta: ¿qué estará haciendo el inquisidor?

Un hombre entró a la iglesia, y permaneció debajo del marco. Jerónimo lo miró de reojo. Era el guardia personal de fray Domingo, Rómulo. Todos los monjes lo odiaban. Se movía por la abadía como si fuera el mismo abad, sin hablar, pero actuando con rudeza con todos. Rómulo inspeccionaba a los monjes uno por uno, buscando a alguien, evidentemente. Su mirada se fijó en Jerónimo.

Sintió un escalofrío, y después pánico cuando Rómulo caminó en su dirección, sin siquiera intentar ser discreto, con sus botas resonando fuertemente, *ca-plac, ca-plac, ca-plac,* como intentando distraer a los monjes del cántico.

Se detuvo justo frente a él, lo apuntó con la manota, y dijo:

—Vos. Ven.

«Así que no es mudo», pensó.

Sus hermanos seguían cantando, algunos rojos de furia contra Rómulo, otros nerviosos, otros asustados.

Jerónimo miró al abad —con la cara carmesí—, quien asintió, dándole permiso para salir. Salió de su lugar, y siguió al gigante, que lo dirigió hacia el claustro, al cuarto en donde el inquisidor llevaba a cabo sus preguntas.

Entró. El cuarto estaba oscuro y el inquisidor, sentado detrás de la mesa. «Estoy exactamente en el lugar que jamás quería visitar de nuevo», pensó Jerónimo.

—Siéntate, muchacho —le indicó una silla.

Obedeció.

—¿Quieres algo? ¿Un poco de vino, para calmar tus nervios? Estás temblando.

—Gracias mi señor. No es necesario. Este cuarto está algo frío.

—No. Estás temblando de miedo.

Jerónimo no dijo nada. Solo agachó la cabeza.

—No tienes nada que temer, hijo mío. Piensa en mí como tu padre confesor. ¿Te has confesado últimamente?

—No, mi señor.

—Mal hecho. Sabes bien que los monjes deben confesarse con frecuencia. ¿Por qué no te has confesado?

—Lo haré pronto. Tiene razón. Ha sido una falta mía.

—¿Por qué no lo haces ahora? ¿Tienes algo qué confesar?

—Todos los días cometo pecados, mi señor. Tengo muchos pecados por confesar.

—Pero ¿algo que yo deba de saber, específicamente? ¿Algo que me debas confesar *a mí*?

«¿Cuánto sabrá ya? ¿Estará jugando conmigo como un gato con un ratón?», miraba con recelo al inquisidor. Tragó saliva.

—Nada que se me venga a la mente.

La cara del inquisidor se puso como de piedra. Sus ojos adquirieron una negrura imposible, como si su pupila se hubiera dilatado hasta abarcar el ojo entero.

—¿Has leído literatura hereje?

—Por supuesto que no, mi señor —respondió, con la boca casi seca.

—¿Por qué no? Aspiras a ser un erudito, ¿no? Los eruditos leen literatura protestante, para combatir la herejía.

—Soy tan solo un novicio. Mi fe todavía no es lo suficientemente fuerte.

—Hmm... —un silencio—. ¿Por qué no me dices la razón por la cual saliste la noche del lunes?

Jerónimo reaccionó internamente al escuchar eso. Tuvo que usar toda su fuerza de voluntad para que su cuerpo no traicionara lo que sentía: el golpear de su corazón en el pecho; el bombeo de la sangre en sus orejas; el sudor frío en la palma de sus manos; el hormigueo en su estómago.

—¿El lunes por la noche? —evadió.

—Así es. Lunes. Noche. Sales de tu celda más allá de la medianoche, por la puerta de atrás, te pierdes en un establo en el pueblo, y regresas una hora después —se inclinó hacia adelante—; tengo testigos.

Dos veces en su vida Jerónimo había asistido a una carrera de caballos en un hipódromo. Absolutamente emocionante. Pues así sentía su cabeza. Como si tuviera una carrera de caballos, cabalgando a toda velocidad, intentando descubrir una manera de salir de esta.

—Lo confieso —dijo.

—¿Confiesas? ¿Qué confiesas?

Fray Junio, sentado en una esquina, se movió en su silla, emocionado.

—Confieso lo que vuestra merced acaba de decir. Salí el lunes por la noche.

—Una decisión inteligente, confesármelo.

—Pudiera preguntar, padre, ¿quién es la fuente de su información?

«Debe ser Maclovio. Si no él, entonces alguien me ha estado siguiendo sin darme cuenta. Percibí una mirada a mis espaldas en el pueblo. ¿Rómulo, quizá? ¿Fray Junio?».

—¿Por qué querrías saber eso? Suficiente es para ti saber que alguien te vio. Y confío en el testimonio de esa persona.

Jerónimo se quitó el sudor de la frente con un dedo.

—Sí, mi señor. Es verdad. El lunes salí por la noche.

—¿Y...?

—Me da vergüenza admitirlo, pero puesto que he sido atrapado, lo haré: fui a la bodega y robé un poco de pan.

El inquisidor hizo una mueca.

—¿Pan?

—Sí, señor mío. Vuestra merced ha comido con nosotros estos días. La comida no es..., sin querer ofender a fray Ramón, pero a nosotros los novicios nos dan muy poco. Y el domingo por la noche sirvieron ese caldo rojizo que, hasta hoy, no sé de qué era. Así que algunas veces, y recalco, algunas veces, me escapo por las noches, me como algo que esté por allí, y me traigo pan a mi celda. Suficiente para un par de días.

—Fray Junio, ve a revisar la celda de fray Jerónimo, a ver si encuentras pan.

—No encontrará nada, pues ya me lo he comido.

—Qué conveniente.

—Pero mi señor, después de un par de días el pan se pone durísimo. ¡Hoy es jueves! Hable con fray Ramón, probablemente él habrá notado que un poco de pan desaparece periódicamente.

—Lo haré.

«Espero que no le pregunte», pensó. Pero incluso si lo hacía, ¿qué? Había mucha comida en la bodega. Era factible que el cocinero no notara la desaparición de un par de manzanas y bolillos.

Hubo un largo momento de silencio. Finalmente, el inquisidor dijo:

—Puedes salir —cuando Jerónimo se puso de pie, agregó—: Piénsalo bien, hijo mío. Esta puede ser tu última oportunidad para hablar.

Salió de allí apresuradamente.

⚜

Cuando el joven monje salió, el inquisidor se cruzó de brazos.

—¿Es él? —le preguntó a Rómulo—. ¿Uno de los que viste?

—No lo sé —respondió, con una voz grave, lenta, y rasposa—. Uno de ellos, que iba solo, era de su tamaño. Pero no pude verle el rostro ni a él, ni a los otros cuatro. Pero debe ser él.

—Alguien más lo vio a él específicamente salir, ¿cierto? —agregó fray Junio

—Sí —dijo fray Domingo—, pero fue hace algunos días. Alguien lo vio salir de su celda y entrar a la bodega del monasterio, y salir tiempo después. Este lunes nadie lo vio entrar a la bodega, pero él acaba de admitirlo.

—¿Quién lo vio?

El inquisidor sonrío.

—Paz, hijo mío. No tienes que saber cada detalle. Pronto todo saldrá a la luz. Por ahora, hay que vigilar de cerca a ese monje.

Viginti sex

Salió y bajó las escaleras. Acababa de perderse la hora de la comida. No tenía hambre.

«Debo hablar con el abad», pensó Jerónimo. No sabía si Maclovio era quien lo había visto salir de su celda, tampoco si él era el que había encontrado el paquete en su cuarto. Independientemente de eso, Maclovio le había dado un buen consejo: ir con el abad. Vio a fray Ricardo caminando rumbo a sus aposentos, acompañado del prior. Mientras caminaba hacia ellos, vio que fray Sebastián lo vio y se aproximaba hacia él, así que fingió no percatarse y apretó el paso.

Fray Ricardo hablaba en voz baja con el prior Adulfo. Jerónimo lo interrumpió.

—¿Padre?

—Fray Jerónimo —dijo el prior, molesto—. Sabes bien que esta es la hora de salir al pueblo, a las obras de caridad.

—Perdónenme por favor, hermanos. Pero necesito hablar con el abad.

Fray Adulfo abrió la boca para reprenderlo, pero fray Ricardo lo detuvo levantando la mano.

—¿Qué pasa, hijo mío? ¿Salió todo bien con el inquisidor?

—Padre, necesito hablar con vuestra merced. Es urgente.

—Está bien, está bien. Hermano Adulfo, reanudaremos nuestra conversación luego. Fray Jerónimo, sígueme.

Fray Adolfo se retiró, no sin antes lanzarle una mirada de muerte.

Entraron en los aposentos del abad, a su cuarto de estudio. Fray Ricardo se dejó caer en la silla. Jerónimo no había entrado muchas veces en el estudio del abad, quizá unas tres veces solamente.

—Apenas ha pasado medio día, y ya me encuentro exhausto —dijo para así. Luego a Jerónimo—: ¿En qué puedo servirte, hijo mío?

—Abad, necesito su consejo. Necesito... confesarme.

—Cualquier cosa que digas en confesión, quedará estrictamente entre nosotros. El inquisidor no lo sabrá. Eres oveja mía, no de él.

Jerónimo asintió, nervioso, mirando hacia el suelo.

—Perdóname, padre, porque he pecado.

—¿Qué es lo que te turba, hijo mío?

—He mentido, padre. Le he mentido al inquisidor.

—La mentira es un pecado grave, sobre todo en la vida de un monje. Pero hay penitencia. ¿En qué mentiste?

—El inquisidor me preguntó si había leído algún escrito protestante.

—¿Qué le contestaste?

—Le dije que no.

—¿Y cuál es la verdad?

—Sí he leído material protestante, abad.

Fray Ricardo se acomodó en la silla. Su cara, completamente seria.

Jerónimo tragó saliva.

—No todos los monjes han examinado la biblioteca de la manera que yo. La he recorrido toda. Y sé que hay una sección olvidada, en un rincón del tercer piso, donde hay tres libros protestantes.

Fray Ricardo arqueó las cejas.

—Tienes razón. Yo... lo había olvidado. Llevan mucho tiempo allí. Deberían estar bajo llave, pero los olvidé por completo. Los saqué hace muchísimos años —dijo meneando la cabeza—, ¿cómo pude olvidarlos? Si los llegara a encontrar fray Domingo...

—No creo que lo haga. Tendría que inspeccionar minuciosamente toda la biblioteca. Tardaría mucho tiempo.

—Pero vos los encontraste. Deberé ir por ellos uno de estos días...

—Porque paso muchísimo tiempo allí, asistiendo a fray Sebastián. Así que hace tiempo me puse a leer un poco de uno de ellos. Antes de que sucediera todo esto de la Inquisición. Y lo que leí... lo que leí..., abad, no me pareció herejía.

Fray Ricardo se rascó la barba. Hubo un silencio largo.

—Si tengo que confesarme contigo, hijo mío, pienso lo mismo.

Jerónimo dio un pequeño respingo. No esperaba esa respuesta.

—Indudablemente, no todo lo que escriben los protestantes está mal —dijo fray Ricardo—. Muchas doctrinas que ellos creen son iguales a las nuestras. Como nosotros, creen en la inspiración de las Sagradas Escrituras, en la deidad de Jesucristo, en la Santa Trinidad. Han criticado, correctamente, algunos de los excesos de la Iglesia: la opulencia, la excesiva riqueza, la ambición desmedida...

—Al mismo tiempo, rechazan algunos de nuestros dogmas centrales: las indulgencias, el papa como vicario de Cristo, el rol de las obras en la salvación.

—Sí. Y por eso no somos protestantes. Pero eso no quiere decir que estemos en desacuerdo con los movimientos de Reforma. Erasmo de Rotterdam es un héroe para mí, por ejemplo. Es uno de nuestros reformadores.

—Pero entonces, padre, ¿por qué matamos a los protestantes?

—No te olvides que ellos también nos matan a nosotros.

—Es cierto. Pero ellos no tienen una Santa Inquisición con tanto poder.

—Tienes razón. Los perseguimos porque la herejía es pecado mortal. Vos lo sabes bien. Un hereje es peor que un asesino.

—Pero y si... —vaciló.

—Puedes hablar con confianza. Prometo escucharte sin sobrerreaccionar.

—¿Pero y si estamos luchando contra Dios?

Fray Ricardo sonrió y dijo:

—¿Eres acaso Gamaliel?

—¿Gamaliel?

—Hechos de los Apóstoles, capítulo 5, versos 38 y 39.

Jerónimo no recordaba esa cita. No era común. El abad recitó el pasaje en latín, que en español se traduciría:

«Y ahora, por tanto, les dijo: apártense de estos hombres, y déjenlos. Porque si este consejo o esta obra es de los hombres, será derribada. Pero si es de Dios, no la podrán derribar. No sea que quizá se encuentren luchando contra Dios».

Fray Ricardo miró hacia el techo, se perdió en sus pensamientos por un momento, y agregó:

—Algunas veces pienso si nosotros somos como el sanedrín, que quería deshacerse de la Iglesia de Jesucristo. Pero luego pienso que no es posible. Simplemente, no es posible.

—¿Por qué, abad?

—Porque esta es la Iglesia que fundó Cristo. Esta es la Iglesia de Pedro, de los padres, de los doctores. Es la Iglesia verdadera, la Iglesia única. Y no hay salvación fuera de ella.

Jerónimo se debatía dentro de sí mismo. ¿Debía decir más? ¿Confesarlo todo de una vez?

—¿Algo más que tengas que confesar, hijo?

—No, abad. Es todo—. Y en su mente retumbaba: «Perdóname, Dios, por no confesar todo».

—Muy bien. *Ego te absolvo a peccatis tuis in nomine Patris et Filii et Spiritus Sancti, amen.*

Viginti septem

Al salir de los aposentos de fray Ricardo, a lo lejos el prior, que a su vez salía del claustro, le hizo señas para que se acercara. Le mandó a buscar a Bernardo, quien pedía limosna cerca de la plaza pequeña, y unirse a él en la recolección.

Sin perder tiempo, se apresuró a salir de la abadía, esperando no toparse con fray Sebastián.

La plaza pequeña, así apodada por su tamaño en comparación con la principal, estaba cerca de uno de los barrios más pobres. Pero como muchas veces pasaba, eran los pobres quienes daban más limosna a la iglesia que algunos ricos. Por eso, muchas veces hacían obras de caridad y recogían limosna en esos barrios.

El reto sería encontrar a Bernardo. Podría estar en cualquier esquina. El sol pegaba duro, pero era un día placentero, no demasiado caliente. Por las calles empedradas caminaba mucha gente, de aquí para allá, algunos comprando en el mercado, y otros dirigiéndose a quién sabe dónde. En un pueblo como este, lo suficientemente grande, siempre circulaba gente por las calles, casi a todas horas, hasta que entraba la noche.

Reconoció, entonces, que no estaba lejos de la bodega en donde vio la reunión secreta. Solo tendría que desviarse un poco para llegar hasta allí. No tenía razón para hacerlo, aunque le podía la curiosidad. Y si algo era Jerónimo, era muy curioso.

Decía un dicho que la curiosidad es la antesala de la muerte. Quizás. Pero ¿no había sido la curiosidad que había llevado al descubrimiento del nuevo mundo?

Llegó a la bodega. A la luz del día, era más pequeña de lo que recordaba. La puerta principal lucía abierta. Se asomó intentando ser discreto. Unos cuantos trabajadores guardaban grano y heno.

Reconoció a uno de los hombres. Sí, estaba seguro. Se había sentado atrás, cerca del monje al que no pudo verle el rostro.

El hombre, de barba blanca, parecía ser el patrón, pues daba instrucciones aquí y allá.

«Entonces el dueño de la bodega es un convertido al protestantismo. Tiene sentido. Así la presta para las reuniones».

—¿Jerónimo? —Una voz a su espalda. Se dio la vuelta.

—¡Bernardo! Justo te buscaba.

—¿A mí?

—A ti. El prior me pidió que pidiera limosna contigo.

—¡Perfecto! Yo pensé que te habías arrepentido de tus votos y estabas por pedir trabajo en esa bodega.

—Ni siquiera se me pasó por la mente —respondió, caminando junto a su amigo.

—Pues te vi concentrado, serio y pensativo, diría.

—Perdido en mis pensamientos. Ya sabes cómo soy.

—Nunca pensé que una bodega diera para pensamientos tan profundos.

—He tenido un día terrible. Pensaba en eso.

—¡Amigo! ¡Te has ganado el premio a la peor salida en la historia del monasterio! Ese grandulón, el sabueso del inquisidor, te sacó como si fueras directo al calabozo. Debiste ver la cara del abad. ¡Furioso!

—¿Sí?

—¡Pues claro! Qué falta de respeto a la abadía, y, no se diga, al propio abad. Al final, lo que pasa entre nosotros es un reflejo de él y de su liderazgo.

—Cierto... —respondió Jerónimo, con la mirada desenfocada.

—¿Y bien? —le dijo su amigo tras varios pasos en silencio—. ¿Qué pasó?

—Pues nada, que el inquisidor me hizo algunas preguntas. Ya sabes, está desesperado, tratando de encontrar algo.

—Pero a nadie ha sacado en medio de un rezo, excepto a ti.

—Fue por pura desesperación, porque no tiene nada.

—¿Cómo que nada?

—¡Nada, amigo! ¿Qué le iba a decir? «Mi nombre es Jerónimo, soy un novicio aquí en la abadía, y también el líder de una secta protestante». ¡Claro que no!

Bernardo se encogió de hombros:

—No sé, imaginé que tendrías algún buen chisme.

—El chisme es pecado —le respondió medio en broma medio en serio.

—Un pecadillo, mi amigo. No lo veamos como chisme. Veámoslo como supervivencia. Estamos en tiempos difíciles, debemos de ayudarnos.

En eso Bernardo tenía razón. El miedo reinaba en el monasterio. Los hermanos sospechaban los unos de los otros, y todo gracias a la presencia del inquisidor y los suyos. Pero la única manera de deshacerse del inquisidor era ayudándose entre sí.

Pero no era tan fácil. Fray Domingo debía tener algunos espías entre los hermanos. Esa era la única explicación del descubrimiento de su paquete secreto. Tenía que haber sido un hermano. A esas horas de la noche, ningún soldado entraría a los dormitorios de los monjes. No sin que alguien lo notara y causara un escándalo.

De la misma manera que él se había percatado de la salida de fray Sebastián y los otros tres, alguien se había percatado de su salida, y aún más, había registrado su celda.

Era un milagro que no estaba atado y sometido a tortura. Por lo menos, todavía no.

«Quizá lo mejor sea simplemente huir», pensó. «Salir corriendo de todo esto».

¿Huir? ¿Adónde? El único familiar suyo que conocía era su tío Ignacio, y había sido él precisamente quien lo llevó a la abadía a los doce años, después de que sus padres murieran por la peste.

Fray Ricardo lo recibió aquella tarde, y se convirtió desde entonces en su padre espiritual. Al ver el cariño con el cual el abad lo trataba, Jerónimo decidió que su misión en la vida sería algún día convertirse también en un abad quien pudiera guiar a niños huérfanos a la fe y al conocimiento.

—Te diré algo —dijo finalmente Jerónimo—. Pero es un secreto y no debes decírselo a nadie.

Viginti octo

Se detuvieron. Los vecinos caminaban por la calle y había bastante ruido entre carruajes y las conversaciones de la gente. Así su conversación sería opacada. Se cercioraron de que nadie cerca los escuchara. No vieron a nadie sospechoso.

—Mira, la verdad es que sí he leído un poco de literatura protestante.

Bernardo abrió los ojos, grandes:

—Pero ¿cómo?

—A alguien se le olvidó cerrar bajo llave tres libros en la biblioteca. Los encontré hace tiempo. Los abrí. Bueno, abrí los tres, pero solo leí uno de ellos. Son luteranos.

—¿Y qué encontraste? ¿Qué decía?

—Una mezcla de cosas. ¡Con algunas de ellas estoy completamente de acuerdo!

—¿Y las otras?

—Pues con otras, no tanto. Y en algunas no estoy seguro.

—¿Algún ejemplo que me puedas dar?

Jerónimo se rascó la sien:

—Pues, por ejemplo, las indulgencias.

—Sí... las indulgencias. Es un tema complicado. Definitivamente se ha abusado de ellas.

—¿Abusado? ¡Abusado en exceso! Hay gente que comete pecado sabiendo que podrá comprar una indulgencia.

—En eso tienes razón, amigo.

Guardaron silencio cuando notaron a un hombre de pie cerca de ellos. No lo conocían. ¿Estaría espiándolos? ¿Cuánto había escuchado? Momentos después, el hombre se retiró caminando tranquilamente.

Jerónimo se acercó a su amigo y habló en voz un poco más baja.

—¿No me dijiste que habías leído literatura protestante?

—Sí, te lo dije, pero no es verdad.

—¿Qué? ¿Cómo que no...?

—Pues lo dije para impresionar, nada más —dijo levantando ambas manos, enseñando las palmas—. El erudito eres vos. Siempre eres el que sabe más. Pero en este caso, quería saber más que vos.

Jerónimo sacudió la cabeza.

—Pues debo decir que sí me impresionó. Me dejó perplejo. No lo esperaba. ¡Y resulta que era una mentira! —le reclamó indignado.

—Lo siento, amigo. —Se encogió Bernardo de hombros—. Pero ahora que lo mencionas, tengo una excesiva curiosidad por ver esos libros. ¿Dices que en el tercer piso?

—Sí —le respondió con cautela.

—Quiero verlos. ¿Me los enseñarás?

Jerónimo hizo una mueca.

—No creo que valga la pena que te arriesgues. Sobre todo con el inquisidor merodeando por allí.

—¡Bah! Ese inquisidor está más perdido que un campesino en Roma.

—No estoy tan seguro de eso —dijo, recordando la acusación del inquisidor. «Tengo testigos», le había dicho.

Se dedicaron el resto del tiempo a pedir limosna, porque si llegaban con las manos vacías, el prior no estaría nada contento.

No fue un buen día de limosnas, pero Jerónimo logró recaudar un poco de dinero. Con eso mantendría contento al prior, aunque ya anticipaba la mirada gélida de su superior.

Cuando el sol comenzó a meterse, juntos regresaron a la abadía. No habían conversado mucho durante las dos últimas horas. No solo Jerónimo se sentía invadido por múltiples presentimientos, sino que también notaba a su compañero distraído. Y quizá era solo su imaginación, pero de vez en cuando se le figuraba que Bernardo lo miraba de soslayo, con una extraña expresión en su semblante.

A decir verdad, quizá Bernardo estaba pensando lo mismo de él, porque él también le lanzaba miradas de sospecha. Pero así era estos días en el monasterio: miradas de desconfianza y susurros a las espaldas.

Llegaron al monasterio justo cuando sonaban las campanas anunciando vísperas. Después del rezo, pasaron a la cena. Comieron todos en silencio. Ni el abad ni el prior se presentaron, tampoco el inquisidor y sus secuaces.

Mientras Jerónimo metía el cucharón en el plato de sopa de... de algo que no reconocía, levantó la mirada para ver que los ojos blanquecinos de fray Agustín parecían estar clavados en los suyos. Puesto que fray Agustín era casi ciego, no apartó los ojos, como lo haría cualquier persona que es sorprendida mirando fijamente a alguien. No, fray Agustín parecía estarlo acuchillando con la mirada.

Fue Jerónimo quien bajó la vista.

«Es solo mi imaginación», pensó. «No puede ver. No puede saber que yo estoy aquí». ¿O sí?

Volvió a mirar en dirección del viejo monje, pero este susurraba al oído de quien comía a su derecha: fray Sebastián. En ese preciso momento, el bibliotecario movió sus ojos rápidamente en su dirección, y de nuevo hacia fray Agustín.

«Están hablando de mí. Ya, Jerónimo, deja de ser paranoico. Pero están hablando de mí, de quién más. Pues entonces ve y habla con Sebastián. Ve y habla con él de una vez, y dile todo lo que tengas que decirle». Bien, pues eso haría. Después de la cena. Hizo un plan en su mente.

Se terminó la cena. Jerónimo se apresuró a ir al *scriptorium*, y para su alivio, la puerta de la biblioteca estaba sin llave. Entró, encendió una lámpara, fue dando zancadas hasta el tercer piso, encontró la esquina donde había escondido las hojas protestantes, las escondió bajo su hábito, y salió a toda velocidad.

La mayoría de los hermanos apenas comenzaban a salir de la cena, y conversaban un poco antes de ir a los dormitorios. Otros, los más mayores, ya caminaban hacia sus aposentos.

Buscaba a fray Sebastián. ¿Dónde podía estar? Seguramente estaría saliendo con fray Agustín, pero no, pues allí iba el viejo, caminando solo hacia su celda.

Entonces lo vio, de lejos. Lo reconoció por su manera de andar, ese caminar seguro, esa cabeza en alto. Se dirigía hacia el *scriptorium*.

Perfecto. A esa hora, el cuarto de escritorios estaría completamente vacío. Así que lo siguió cautelosamente, aunque el bibliotecario ni siquiera miró hacia atrás. Entró por la puerta de la biblioteca, y la cerró tras de sí.

Jerónimo esperó un poco fuera, con el corazón latiendo con fuerza. Se imaginaba que, al abrir la puerta, ahí estaría Sebastián, frente a él, esperándolo con un cuchillo para silenciarlo para siempre.

«Tonterías. Fray Sebastián no haría algo así. Además, asesinar es pecado tanto para católicos como protestantes». Abrió la puerta. Oscuridad adentro. Entró y cerró la puerta.

El *scriptorium* estaba vacío. Con el ceño fruncido, buscó con la mirada. Pero era imposible que estuviera escondido detrás de un muro, o detrás de un pupitre. Lo habría visto. Ah, la puerta de la biblioteca. Estaba entrecerrada. Sebastián estaba en la biblioteca. Se apresuró a entrar. Oscuridad adentro. Sin embargo, podía escuchar unas pisadas que se alejaban. Sí, allá iba Sebastián, rumbo a las escaleras de caracol. Llevaba una lámpara encendida, así que la mitad de su cuerpo parecía flotar por el pasillo.

Jerónimo sintió un escalofrío. Escuchaba las sandalias del bibliotecario chocándolas contra los escalones metálicos. Subió hasta el tercer piso, y desapareció.

Sin encender una lámpara, lo siguió. Conocía la biblioteca lo suficientemente bien para andar a oscuras, aunque temía tropezarse con algo y tirarlo. Subió los escalones con cuidado, no quería que lo descubriera. Aunque al final, tendría que revelarse ante el bibliotecario.

Llegó al tercer piso. Estaba oscuro. ¿Dónde estaba fray Sebastián? Caminó por un pasillo, luego por otro, arrastrando los pies, con los brazos al frente, con miedo de golpearse con un estante, o de tirar algún libro antiguo.

¡Fray Sebastián había desaparecido! Llegó al final del salón, en donde estaban los diez salones con llave. Caminó junto a ellos. Casi suelta un alarido al escuchar una voz.

—Fray Jerónimo.

Temblando, se percató de que la puerta del cuarto *septem* estaba abierta. Adentro, la negrura era total.

Se escuchó el golpeteo del pedernal; y la linterna que había estado apagada para ocultarlo iluminó el rostro de fray Sebastián, sentado tras un escritorio dentro del cuarto.

Viginti novem

—Siéntate, hermano —le dijo fray Sebastián.

Jerónimo dudó.

—No te haré daño —continuó—. Pienso que ya es hora de hablar. ¿No crees?

Le apuntó a una silla, frente al escritorio.

Jerónimo entró, y se sentó. Solo podía ver al bibliotecario, ni siquiera distinguía las paredes a su alrededor.

—Tienes algo que darme, o enseñarme, ¿me imagino?

Jerónimo se lamió los labios. Sacó las hojas, y las puso en el escritorio.

Fray Sebastián ni siquiera las miró.

—Imaginé que las tendrías vos. De cierta manera, me alegro de que hayas sido vos, y no algún otro.

—¿Por qué te alegra?

—Porque si hubieras querido entregarnos, ya estaríamos en la hoguera —entrelazó las manos frente a él—. Pero el que estemos aquí, hablando, quiere decir que por alguna razón no se lo has dicho al inquisidor. ¿Estoy en lo correcto?

—Estás en lo correcto.

—La pregunta que tenemos es ¿por qué?

—¿Tenemos?

—Sí, tenemos. Fray Agustín dijo que reconoció tu olor el otro día, cuando estábamos en la reunión. Los demás no estaban seguros, pero yo decidí creerle. Te sorprendería lo que sabe fray Agustín. En realidad, ese hombre sabe más que cualquiera de nosotros.

Hubo un silencio, incómodo.

—Pues bien, hermano Jerónimo. Nuestras vidas están literalmente en tus manos. ¿Por qué es que no nos has entregado? ¿Por qué seguimos con vida?

Jerónimo no sabía qué responder. Se quedó allí, unos momentos, pensando. Todo lo que había planeado decir ya ni siquiera lo recordaba. Fray Sebastián permanecía inexpresivo, con la cara cincelada en piedra, aguardando.

—La verdad es que no estoy seguro —respondió al fin—. No estoy seguro por qué no lo hice. Quería cerciorarme. Pero ahora ha pasado tanto tiempo, que sé que el inquisidor sospecha de mí, y si digo algo, terminaré yo también en la hoguera.

—Puede ser que perdone tu vida por delatarnos.

—Puede ser. O quizá que quiera hacer de mí una lección, también. Es un riesgo que no quiero tomar.

—Pero ya estás tomando un riesgo. Cuando todo esto se sepa, y te garantizo que nos acercamos a ese tiempo, estarás involucrado.

—Cuando venga el tiempo, ya sabré qué hacer —respondió, desafiante—. Pero hay otra razón por la cual no los he entregado —apuntó a las hojas frente a él—. Las leí.

—¿Y bien?

Respiró hondo.

—No sé. En algunas cosas, estoy completamente de acuerdo. Pero con otras... son herejías luteranas.

—De acuerdo a la Iglesia católica son herejías luteranas. Pero ¿qué te dice tu corazón? ¿Qué te dice tu razonamiento? ¿Qué te dice tu conocimiento de las Escrituras?

Sentía la lengua pesada. Debería tener una respuesta rápida para esto, pero no la tenía.

—Entiendo por lo que estás pasando —le dijo el bibliotecario—, porque yo también pasé por lo mismo. Yo también pasé por esa crisis. Yo también estuve a punto de delatar al que me enseñó por primera vez estos escritos. Pero mírame. Aquí estoy, arriesgando mi vida por la verdad escrita allí. —Señaló las hojas.

—¿Por qué continuar aquí? ¿Por qué arriesgar sus vidas de esta manera? ¿Por qué no huir a algún país protestante?

Fray Sebastián miró hacia la oscuridad a su derecha, pensativo. Luego agregó:

—Porque todavía hay mucho qué hacer, hijo mío. Hay mucho por hacer aquí en España. De todos los países del mundo, este es uno de los más sumergidos en la oscuridad. La gente debe ver la luz.

—¿Qué luz?

—La luz de Cristo.

—Cristo es mostrado en el sacramento, en la eucaristía.

—Cristo es mostrado primeramente en la Palabra divina. Pero si el pueblo no puede leer la Palabra de Dios, ¿cómo puede ser pueblo de Dios?

Jerónimo sacudió la cabeza. Seguía teniendo ese conflicto interior al poner en duda aquello que había creído como verdad durante años. ¿Estaba dispuesto a dejarlo todo? ¿Estaba dispuesto a arriesgar su vida, sus sueños, sus deseos, por una nueva enseñanza?

—¿Por qué arriesgarlo todo por una nueva doctrina? —dijo Jerónimo.

—Precisamente por eso: no es una nueva doctrina. Todo está en la Escritura. Todo está en los escritos apostólicos.

—Pero nuestra Iglesia la fundó Cristo; la tuya, un alemán borracho.

Sebastián sonrió.

—La verdadera Iglesia es la que está fundamentada en las Escrituras inspiradas, no en las tradiciones de los hombres.

Otra pausa. Esta vez más larga. Por primera vez, fray Sebastián dirigió su mirada hacia las hojas que tenía frente a él. Alargó la mano, y las acercó. Sin quitarles la vista dijo:

—¿Alguien más sabe de esto? —levantó la mirada.

Jerónimo vaciló.

—Me temo que sí.

Por primera vez notó un vislumbre de temor en los ojos de fray Sebastián. Jerónimo le contó que alguien había descubierto las hojas. Fray Sebastián arrugó la frente.

—¿Sospechas de alguien? —le dijo a Jerónimo.

—No estoy seguro. Pero pienso que...

Recordó las palabras de Maclovio: «¿Algo más que quieras decirme, amigo? ¿Algo tuyo?».

—Pienso que pudiera ser Maclovio. Además, lamento mucho decirte esto, pero también le conté que cuatro monjes han estado saliendo por las noches. Nada más.

Los ojos de fray Sebastián se movían de un lado a otro, como si estuviera pensando con mucha rapidez.

—Maclovio —musitó—. Sí. ¿Pero alguien más?

—No lo sé. Imposible saber si alguien más lo sabe.

—Tendremos que averiguarlo, de preferencia rápido.

—Luego se dirigió a Jerónimo—. Vos me diste algo, y yo tengo algo para ti.

—¿Algo para mí?

—Sí. Sé que debes de estarte preguntando si vale la pena delatarnos. Quiero pedirte un favor. Antes de tomar tu decisión, quiero que leas algo.

Detrás de él, de algún buró, sacó un montón de hojas, y las puso en el escritorio, frente a Jerónimo.

LA EPÍSTOLA DEL APOSTOL
S. PAULO A LOS GÁLATAS

Y después de un párrafo de introducción, se leía, en castellano:

«Pablo, apóstol no de los hombres ni por hombre, más por Jesús el Cristo, y por Dios el Padre, que lo levantó de los muertos».

—Ya he leído antes la epístola a los Gálatas, escrita en latín —dijo Jerónimo, pero su voz salió un poco temblorosa. No podía evitar sentir emoción, y al mismo tiempo pavor, de leer por primera vez la epístola a los Gálatas en su propio idioma.

—No es lo mismo, hermano, leerlo en latín que leerlo en castellano —aseguró fray Sebastián—. Pero además, quiero que también leas este tratado.

Puso delante de él otro conjunto de hojas. En castellano también.

COMENTARIO A LA EPÍSTOLA A LOS GÁLATAS
POR
MARTÍN LUTERO

Estremecido, no pudo evitar persignarse. Fascinado, no pudo evitar tomar las hojas. Leyó las primeras líneas, escritas por Lutero.

«En mi corazón reina este artículo: la fe en mi querido Señor Cristo; el principio, el medio y el final de todos los pensamientos espirituales y divinos que pueda tener, ya sea de día o de noche».

—Quiero, querido hermano, que leas primero la epístola a los Gálatas. Y después, consulta el tratado del hermano Martín.

Sintió un escalofrío al escuchar «hermano Martín».

—Pero ten algo por seguro, Jerónimo, si sales de esta biblioteca con estos objetos en tu posesión, correrás un gran riesgo. Así que decide, porque tu vida depende de ello. Por un lado, tu vida física; por el otro, tu vida espiritual.

—Pudiera salir de aquí y llevar esto directamente al inquisidor, decirle que me lo has dado.

—Pudieras. O también, pudieras cerciorarte por ti mismo de si esto es verdad o mentira. De todas maneras, estoy dispuesto a morir por la verdad.

Triginta

Jerónimo, de regreso en su celda, estaba acostado en la cama, pero con los ojos bien abiertos, al igual que los oídos. Estaba esperando. En un par de horas más, cuando la sinfonía de ronquidos retumbara por los dormitorios, entonces encendería la lámpara y se pondría a leer.

Ciertamente, su meta en la vida era llegar a ser abad. Pero había una meta incluso por encima de esa, saber la verdad.

¿No era esa la meta que debía tener todo ser humano? Incluso los filósofos griegos habían aludido a ello. «La vida sin examinarse no vale la pena vivirse», había dicho el filósofo. Y solo tenía una vida, antes de entrar a la eternidad. Si había que dedicar el resto de sus días a una cosa, mejor asegurarse de estar en el lado correcto.

Si se convencía de que lo que Sebastián y su grupo defendían como verdad no eran más que herejías, entonces los delataría. Y aceptaría las consecuencias. Se entregaría a la merced de Dios y del inquisidor. Confiaba en que no sería torturado, o quemado en la hoguera.

«Dios, dame valor», rezó. El tiempo pasó lento. Los hermanos ya roncaban. Se sentó en la cama, y escuchó.

«Deberé estar muy atento al sonido de pasos. No puedo ser descubierto».

Tomó su hábito, y lo acomodó en la parte inferior de la puerta, para que al encender la lámpara la luz no se pudiera ver desde el pasillo. Habiendo encendido la luz, sacó los folios y los puso en su pequeño escritorio, frente a él. Eran tan solo seis páginas de la epístola a los Gálatas. Comenzó a leer. Se sentía... emocionado... no podía dejar de leer.

Llegó al capítulo 2 versos 20 y 21, y sintió como un golpe en el estómago.

> «Con el Cristo estoy juntamente enclavado en la cruz: y vivo, no ya yo: más vive en mí el Cristo: y lo que ahora vivo en la carne, por la fe del Hijo de Dios lo vivo, el cual me amó, y se entregó a sí mismo por mí. No desecho la gracia de Dios. Porque si por la ley fuese la justicia, luego el Cristo por demás sería muerto».

«Oh, Dios mío», pensó. «Por María santísima, y por la Santa Trinidad. Aquí está. Aquí está escrita la herejía luterana, ¡está en las Escrituras! ¡Es por la fe sola!».

Leyó la epístola completa siete veces. No tenía sueño. Comenzó a leer, a devorar, el comentario de Martín Lutero. Llegó a este párrafo.

> «Es por eso que Pablo puede enojarse tanto con el Anticristo, porque desaira a Cristo, rechaza la gracia de Dios y rechaza el mérito de Cristo. ¿Qué es sino escupir en el rostro de Cristo, empujar a Cristo a un lado, usurpar el trono de Cristo y decir: «Yo los voy

a justificar, ¿los voy a salvar?» ¿Por qué medios? Por misas, peregrinaciones, perdones, méritos, etc. Porque esta es la doctrina del Anticristo: la fe no es buena si no es reforzada por las obras. Por esta abominable doctrina, el Anticristo ha echado a perder, oscurecido y enterrado el beneficio de Cristo, y en lugar de la gracia de Cristo y Su Reino, ha establecido la doctrina de las obras y el reino de las ceremonias.

»Despreciamos la gracia de Dios cuando observamos la Ley con el propósito de ser justificados. La ley es buena, santa y provechosa, pero no justifica. Guardar la ley para ser justificado significa rechazar la gracia, negar a Cristo, despreciar su sacrificio y estar perdido».

Ya no pudo más. Apagó la lámpara, y se arrodilló allí, entre su escritorio y su cama. Se quedó un rato allí, temblando de pies a cabeza, llorando, gimiendo, tratando de no gritar, de aullar, de suplicar a gritos. Finalmente, de su garganta salió un suspiro.

—Ten piedad de mí, pecador.

PARTE III

EL HEREJE

Triginta unus

Al siguiente día, mientras desayunaba, Jerónimo se sentía feliz. Era como si dentro de su ser hubiera una pieza de rompecabezas que por años faltó, pero finalmente se puso en su lugar.

Al mismo tiempo, no podía evitar sentir trepidación sobre sí mismo, sobre su futuro. ¿Debía permanecer en la abadía y arriesgar su vida?

Sabía perfectamente bien que al norte varios países se habían convertido al protestantismo. Podía viajar hacia Ginebra, o incluso intentar llegar hasta Alemania. Pero el viaje sería largo, y no tenía nada de dinero. Además, si se esfumaba de repente, el inquisidor sospecharía de él y mandaría perseguirlo por toda España.

Huir de la Inquisición no sería cosa fácil. Ellos eran expertos en perseguir, y él tenía absolutamente cero experiencia en huir. Si era capturado —y las posibilidades eran altas—, sería torturado y quemado, sin duda alguna. Pero ¿cómo podía permanecer en el monasterio? ¿Para qué?

«Tengo que hablar con el hermano Sebastián. Él sabrá qué hacer».

Después del desayuno, tuvieron la junta en la sala capitular. La junta la llevó a cabo el prior Adulfo, puesto de pie. El abad, sentado en la silla principal, permaneció en silencio todo el tiempo, con la cara sombría, mientras el prior leía un capítulo de la Regla. Al pasar a los anuncios, dijo:

—Estos días los he visto muy distraídos, hermanos. He estado supervisando las obras, y veo que no se están llevando a cabo con ánimo. Esto no puede ser así. Recordemos bien que las obras que hacemos, las hacemos para Dios. Indiferentemente de lo que esté pasando a nuestro alrededor. Así que no toleraré más pereza. ¿Queda entendido, hermanos?

Todos asintieron con la cabeza.

El prior comenzó a asignar las tareas para ese día. Finalmente llegó a Jerónimo.

—Jerónimo, Maclovio y Bernardo, después de la comida quiero que ayuden a fray Gabriel en el establo. Está muy sucio —dijo mirando al viejo condestable con el ceño fruncido—, y lo quiero limpio para hoy antes de vísperas.

Bernardo, que estaba sentado junto a Jerónimo, le susurró al oído:

—Mejor en el establo que allá afuera. En el establo hay sombra.

Los dos sonrieron.

El prior, aunque no pudo escuchar lo que dijo, se percató del cuchicheo y les lanzó unos dardos con la mirada. Eso fue suficiente para que no se atrevieran ni a mover los labios durante el resto de la junta.

Después de la junta, celebraron tercia. Luego pasaron al tiempo favorito de Jerónimo, el tiempo de estudio y meditación. Llegó al *scriptorium* emocionado por ver al hermano Sebastián. Encontraría el momento adecuado para acercarse a él y hablarle. Sin embargo, al entrar al *scriptorium*, no encontró allí a fray Sebastián. La biblioteca estaba abierta, cosa que a veces hacía el bibliotecario cuando tenía que salir.

«Lo encontraré adentro», pensó.

Lo buscó en el primer y segundo piso, pero nada. Llegó hasta el tercer piso. El salón número siete estaba cerrado con llave.

Ya que se encontraba allí, y aprovechando que no se veía ningún hermano cerca, decidió ir a darles otro vistazo a esos tres libros herejes.

«Protestantes, más bien», se corrigió. Todavía le era difícil cambiar su pensamiento. Sintió escalofríos, quizá por la emoción de leer esos libros con nuevos ojos, caminó hacia ese rincón oscuro y escondido, y se quedó helado al ver dos sombras que lo esperaban allí: fray Sebastián y fray Agustín.

—El hermano Agustín debe ser profeta —dijo fray Sebastián—, porque me dijo que vendrías aquí, y podríamos hablar en privado.

Jerónimo caminó hacia ellos.

—Supongo, hermano Agustín, que cuando me vio aquí, debió de haber sospechado.

—Sospechado no, muchacho —carraspeó el monje—. Confirmé mis sospechas.

—De hecho, hermano Sebastián, estaba buscándole. Quería hablar con vos en privado. Aunque aprovechando que aquí está el hermano Agustín, puedo hablar con ambos.

—Muy bien —le respondió Sebastián.

—Pero antes, muchacho, hay algo que quiero saber. Dinos exactamente lo que viste el lunes en la noche.

Jerónimo se lo contó todo. Como había estado sin poder dormir, escuchó pasos, salió, vio cuatro monjes, los siguió hasta el pueblo, y desde las vigas del techo logró reconocer a tres de ellos: Sebastián, Agustín y Ramón.

—No pude ver el rostro del cuarto —agregó, esperando que le dijeran el nombre. Sin embargo, no lo hicieron.

—¿Alguien te siguió? —preguntó Sebastián.

—No... no estoy seguro. Creo que no, pero tuve la sensación de que alguien me veía. Hice todo lo posible por cerciorarme de que no me siguieran.

Sebastián y Agustín intercambiaron miradas preocupadas.

—¿Le has hablado a alguien de nuestra reunión? —dijo fray Agustín.

—Solo a Maclovio.

—¿Al inquisidor? ¿Le dijiste algo? —dijo Sebastián.

—No, nada.

—¿Por qué?

—Por temor.

Hubo un silencio prolongado, con los dos hermanos sumidos en sus pensamientos y Jerónimo nervioso.

—¿De qué querías hablar conmigo? —preguntó Sebastián.

Jerónimo tragó saliva y dijo:

—Leí lo que me dio, la carta a los Gálatas y el tratado. Los leí varias veces.

—¿Y bien?

—No puedo creer que todo este tiempo había estado en tinieblas. El apóstol Pablo es claro sobre la salvación, es por la fe sola. ¡Tiene que serlo!

Entonces, sin poder controlarse, comenzó a abrirles su corazón, y les habló de sus luchas, de sus pensamientos, de sus miedos y, finalmente, de su convicción de que el mensaje evangélico es un mensaje de fe. Al terminar, las lágrimas corrían abundantemente por sus mejillas.

—¡Tengo demasiadas preguntas! —terminó.

Fray Sebastián puso una mano sobre su hombro.

—Bienvenido al pequeño rebaño, hermano. Tener preguntas es bueno. Hacer preguntas es crucial. Tendrás las respuestas a su tiempo. Sé paciente.

—Pero y ahora... ¿qué sigue? Tenemos que huir antes de que el inquisidor nos descubra.

—No es tan fácil, hermano. Huiremos, pero todavía no. Tenemos cosas qué hacer —le dijo Sebastián.

—¿Cosas qué hacer?

Fray Agustín habló.

—Si nos vamos, dejaremos a España en tinieblas. Debemos hacer lo que podamos para esparcir la luz. Si hemos de huir, que no sea hasta el último momento.

—Mientras, hermano Jerónimo, es importante que sigas creciendo en tu fe —sacó del estante uno de los libros, *De Servo Arbitrio,* y se lo dio—. Lee este libro. También, te daré una copia completa de Romanos en castellano —luego dirigiéndose a fray Agustín—: ¿Creo que ya está listo para...?

Fray Agustín lo considero un poco, y respondió:

—Si fuera a delatarnos, pienso que ya lo hubiera hecho. Sí, está listo.

Fray Sebastián se acercó bastante a Jerónimo.

—Escúchame bien, hermano. Hoy tendremos otra reunión secreta. Estás invitado. Seremos menos personas que la ocasión pasada.

—¿La reunión protestante?

—Sí. Aunque tenemos un nombre para esa reunión. La llamamos: *Post tenebras lux.*

Triginta duo

Tap, tap-tap, tap. Eran unas dos horas pasadas de la medianoche. Jerónimo estaba en su cama, bien despierto, esperando esa señal. Sebastián (después de darle una copia de Romanos, la cual había decidido esconder bajo su almohada) le había dicho que, al escuchar ese tocar a la puerta, contara hasta cien, y saliera por la parte de atrás de los dormitorios rumbo a la bodega.

Terminado el conteo, se puso de pie. Esta vez, decidió llevarse consigo la copia de Romanos y no dejarla en su celda.

Un sudor frío le bañaba el cuerpo entero. Imaginaba que, al abrir la puerta, estaría el mismísimo inquisidor esperándolo, enseñando los dientes, listo para tomarlo por el cuello. En lugar de eso, al abrirla, lo recibió la oscuridad. Asomó la cabeza. Nadie.

«Salgamos de aquí, con cuidado», se dijo.

Salió de los dormitorios, y con paso ligero llegó hasta la bodega. Se aseguró de que nadie lo seguía. Esta vez no sintió aquella sensación de que alguien lo observaba. Fray Sebastián lo esperaba allí, afuera de la puerta, pegado a la pared, escondido en las sombras.

—¿Todo bien? —le preguntó.

—Todo bien. Nadie me siguió.

Entraron a la bodega. Allí estaba fray Ramón, y fray Agustín. Fray Ramón lo saludó asintiendo la cabeza, y le dijo:

—Bienvenido al grupo, hermano Jerónimo.

—Gracias, hermano.

—Supongo que ya sabes lo que sigue —le dijo fray Sebastián—. Iremos hasta el punto de reunión en completo silencio. Si nos llegan a sorprender, todos correremos en direcciones diferentes, excepto Agustín y yo que permaneceremos juntos. Si es posible, nos vemos de regreso en el monasterio. Si no lo es, nos vemos en el bosque, en el árbol que ya sabes, donde encontraste las hojas.

—Entendido.

—Vamos, pues.

Salieron de allí, aunque no sin dificultad, pues tuvieron que ayudar a bajar tanto a fray Ramón, que delgado no estaba, como a fray Agustín, que fuerte no era.

Todo el camino se la pasaron lanzando miradas furtivas a su alrededor, haciendo pausas en las esquinas y escuchando con atención, por si oían pasos acercándose. Pero nada. A esa hora, el pueblo estaba dormido.

Llegaron a la bodega. Fray Sebastián anunció su llegada tocando a la puerta de la misma manera que había escuchado Jerónimo: golpe, tres golpes, golpe, golpe. Momentos después, la puerta se abrió, y entraron. Del otro lado, un hombre de barba blanca, el patrón de la bodega los esperaba.

—Hermano Joaquín —le dijo Sebastián al hombre que los había recibido—, le presento al hermano Jerónimo. Es nuevo en la nueva fe.

El hombre llamado Joaquín sonrío. Tenía los ojos verdes opaco y una sonrisa placentera.

—Bienvenido a nuestra reunión, hermano. Que la gracia de Jesucristo esté contigo.

—Y con su espíritu —le respondió Jerónimo.

Entraron al cuarto donde se llevaría a cabo la reunión. Hizo la señal de la cruz por costumbre, aunque no había crucifijo al frente. De hecho, no se veía símbolo religioso por ningún lado.

No pudo evitar mirar hacia aquel rincón allá arriba, en la oscuridad, desde donde había espiado esta reunión hace unos cuántos días. Fray Agustín se le acercó al oído:

—Es fácil escapar de los ojos, pero no del olfato de fray Agustín —le dijo.

Había quizá allá unas quince personas, la mitad hombres, la mitad mujeres. Un par de niños varones, solamente, y no pequeños. Tendrían entre ocho y diez años. Sebastián se sentó en la primera fila, pero Jerónimo siguió a fray Ramón y fray Agustín, quienes se sentaron atrás, pues ya no había más sitios disponibles. Las sillas estaban justas para el número de reunidos.

Al frente, además del pequeño atril de madera, había una mesa con una copa grande y un tazón con panes. El hermano Joaquín se puso de pie detrás del atril.

—Bienvenidos todos, hermanos, en el nombre de Jesucristo. Nos hemos reunido en esta noche para cantarle alabanzas a nuestro Dios, y escuchar la lectura y predicación de la Sagrada Escritura.

Era increíble que un hombre vestido en ropas comunes estuviera dando la misa —el culto, la reunión— en castellano. En la lengua del vulgo.

—Demos ahora gracias a Dios en oración.

Jerónimo se preparó para decir el padre nuestro, pero en lugar de eso, el hombre comenzó a orar de manera extemporánea:

—Bendito seas, oh Dios, nuestro Dios. Pues hasta el día de hoy nos has preservado del mal y del lazo del maligno. Alabamos tu nombre hoy y para siempre, porque eres digno de ser alabado, porque por tu Hijo hemos sido redimidos de nuestro pecado, para vivir en nueva vida. Amén.

—Amén —respondieron todos.

—Cantaremos ahora los primeros veinte versos del Salmo 37, puestos de pie.

Se pusieron de pie y comenzaron el canto, una melodía en tonalidad menor, un lamento, entonado con solemnidad y casi en un susurro.

«No te enojes con los malignos: ni tengas envidia de los que hacen iniquidad.

Porque como hierba serán presto cortados: y como verdura de renuevo caerán.

Espera en Jehová, y haz bien; vive en la tierra, y mantén verdad.

Y deléitate en Jehová: y él te dará las peticiones de tu corazón...».

Terminado el canto, pasó otro hombre, de ropa y aspecto humilde, para leer la Escritura. De nuevo, el corazón de Jerónimo saltó al escuchar la lectura en su idioma. Se leyó el Salmo 73.

Todos tomaron asiento, y fray Sebastián pasó al frente para dar la homilía, aunque no dio una homilía. Más bien, comenzó a explicar el salmo de una manera sencilla, verso por verso, y todo en español.

Definitivamente esto no era una misa. Era algo completamente diferente.

Jerónimo se preguntaba si, en el primer siglo, los primeros creyentes habrían tenido una reunión similar a la que estaba experimentando: sencilla, clandestina, enfocada en la palabra de Dios y en el lenguaje vernáculo.

—Miren bien, hermanos, como el mismo Asaf estuvo a punto de desfallecer al ver la prosperidad del impío. Nosotros, de la misma manera, vemos impiedad a nuestro alrededor. ¡La maldad parece reinar! ¡La oscuridad no se disipa! Pero noten bien que, al final, el salmista entendió correctamente el plan de Dios. Verso 25 y 26: «¿A quién tengo yo en los cielos? Y contigo, nada quiero en la tierra. Desfallece mi carne y mi corazón; oh, roca de mi corazón, que mi porción es Dios para siempre».

»Nosotros, hermanos, de la misma manera, debemos llegar a la misma conclusión que el salmista. ¿Qué, hemos de desfallecer? Al ver a nuestro alrededor que los malignos nos rodean, ¿hemos de sentirnos abandonados? No, incluso si desfalleciera nuestro mismo corazón, la roca que tenemos es nuestro Dios, nuestro Cristo, para siempre.

Cuando terminó el sermón, Sebastián anunció que participarían ahora de la Comunión.

Al igual que la reunión, todo sucedió de manera sencilla. Fray Sebastián hizo un par de lecturas de 1 Corintios 11 y 12. Luego los asistentes se pusieron de pie y caminaron hacia el frente para tomar y comer un pedazo de pan, luego dar un sorbo a la copa.

Cuando fray Ramón se puso de pie para pasar, le dijo a Jerónimo:

—También puedes, si estás listo.

Jerónimo vaciló. ¿Estaba listo? ¿Estaba listo para participar de la comunión en una reunión protestante? ¿Para, por primera vez en su vida, no tomar de la hostia, sino más bien comer un sencillo pedazo de pan que, de acuerdo a la lectura, era la participación espiritual con Jesucristo? ¿Creía que esta era la verdad?

«Creo», pensó. «Oh, Dios, ayuda mi incredulidad».

Paso al frente y participó. No sintió algo místico. No fue una experiencia impresionante, más bien, algo sencillo, solemne y gozoso. Se sentía feliz. Sí, lleno de gozo.

La reunión terminó cantando el *Gloria Patri,* en español. El hermano Joaquín pasó al frente.

—Les recordamos, hermanos, que avisaremos sobre la próxima reunión de la manera que siempre lo hacemos. Estemos todos alerta y recuerden advertir si sospechan de cualquier cosa. Que la gracia de Jesucristo sea con vosotros.

Los asistentes salieron de par en par, y al final de todos, salieron los cuatro monjes.

Triginta tres

Pasaron varias semanas en relativa tranquilidad, porque el inquisidor salió del monasterio en compañía de algunos de sus más estrechos colaboradores, y dejó el resto de su comitiva en el monasterio.

Nadie sabía el porqué de su salida, ni cuándo regresaría. El abad tajantemente rehusaba a responder cualquier pregunta al respecto en las juntas capitulares. Mientras, los días pasaban.

Por supuesto, los rumores abundaban. Que se había dado por vencido, que el papa lo había mandado llamar, que sufría una enfermedad y se ausentaba para recuperarse, que el abad lo había confrontado, que él había confrontado al abad.

En ese tiempo, Jerónimo asistió a dos reuniones clandestinas más. No a todas las que tuvieron. Solo cuando fray Sebastián le decía que podía asistir. De esa manera, era más fácil eludir a quienes los buscaban.

Incluso con el inquisidor ausente, todavía reinaba el aire de sospecha entre los hermanos monjes. Podía sentirlo en las conversaciones, en las miradas, en las preguntas aparentemente inocuas.

Prefería mantenerse siempre alerta. Por consejo de fray Agustín y fray Sebastián, decidió ya no tocar el tema de la herejía con sus mejores amigos. Las cosas parecían estarse calmando. Parecían, solamente.

Se acercaba la fecha de la celebración de la fundación del pueblo. Todos los años este era un evento importante, y la celebración duraba una semana entera, de domingo a domingo. Por supuesto, la iglesia ayudaba con el evento y ponía la feria en la plaza principal con la ayuda del gobierno local.

Jerónimo se mantuvo ocupado la semana previa a la celebración, ayudando aquí y allá, haciendo todo lo que le pedían, aprovechando el tiempo para pensar en todo lo que sucedía en su interior.

En los últimos días había comenzado a memorizar el libro de Romanos por completo. Tenía una buena memoria. Ya podía recitar los primeros cuatro capítulos prácticamente sin error. Sabía que, con la práctica, probablemente memorizaría el libro entero en menos de un mes. Después de eso, continuaría con la carta a los Gálatas. Ambos libros, sabía perfectamente bien, eran fundamentales en el movimiento protestante evangélico. Lo que algunos comenzaban a llamar el nuevo movimiento de una «Reforma».

De vez en cuando también se escabullía al tercer piso de la biblioteca para leer un poco de los libros protestantes que seguían allí. Con mucha fascinación leía *Sanctae Inquisitionis hispanicae artes aliquot detectae* de Gonsalvius Montanus. En castellano: *Algunas artes de la Santa Inquisición española*. En este libro, el autor advertía que la Santa Inquisición era absolutamente antibíblica. Jerónimo se encontró asintiendo en muchos de los párrafos. Le preguntó a fray Sebastián sobre el autor, y le respondió:

—No sabemos quién escribió ese tratado, pero mis fuentes me dicen que fue Casiodoro de Reina.

—El mismo que tradujo la Biblia.

—El mismo.

Después de esa conversación, leyó el libro todavía con más atención. Era evidente que el autor era un erudito, versado en las costumbres de la Iglesia católica, pero también en la Sagrada Escritura.

Lo mismo hizo con *De Servo Arbitrio,* que leyó por recomendación de Sebastián. Era un tratado sobre el libre albedrío escrito por Martín Lutero, el exmonje ya fallecido, pero cuyo movimiento seguía creciendo. Para su sorpresa, el libro estaba escrito como un debate en contra de Erasmo de Rotterdam, el monje católico que había sido bastante famoso y controvertido en vida, y más desde su muerte. Había publicado un Nuevo Testamento en griego, que muchos dentro de la Iglesia católica consideraban un atentado en contra de la *Vulgata latina,* la Biblia que prácticamente todos en la Iglesia romana consideraban inspirada por Dios. Además, los protestantes usaron ese Nuevo Testamento para hacer sus propias traducciones a idiomas vernáculos.

Nadie, sin embargo, podía negar que Erasmo fue un gran hombre, un genio, incluso. Pero Lutero argumentaba convincentemente en contra de Erasmo, diciendo que, si bien toda persona tiene verdadera voluntad, esta voluntad está cautiva por el pecado hasta que ella es liberada por Jesucristo.

El domingo comenzó la fiesta sin ninguna novedad. Lo mismo el lunes y el martes. Sin embargo el miércoles en la noche cambiaron las cosas.

Estaba casi dormido cuando escuchó pasos, varios pasos, cerca de su celda, seguidos por un grito ahogado, movimientos bruscos, un golpe sordo y luego silencio.

Caminó hacia la puerta y puso su oído contra ella. Al principio, nada, pero después pasos que se retiraban. Cuando pensó que era seguro, abrió la puerta con cuidado. Había tomado la precaución de poner aceite en las bisagras para que no rechinaran cuando abriera o cerrara la puerta. Esto se lo había recomendado fray Agustín. Asomó apenas la frente y los ojos, y lo que vio lo dejó helado. Era Rómulo.

No fue difícil distinguirlo por su silueta. Iba acompañado de otros dos, que parecían ser guardias del Santo Oficio. Entre los tres, arrastraban a un monje, pero no podía ver quién era. Iba flácido, inconsciente. No pudo ver, tampoco, de qué celda lo habían sacado.

«¿Y si es uno de nosotros? ¿Sebastián, Agustín, Ramón...?».

Quería salir a investigar, pero sabía que hacerlo representaba un riesgo demasiado alto. Si lo atrapaban, estaría en aprietos.

Regresó a la cama, pero no pudo dormir. Tenía temor. Estaba seguro de que en cualquier momento se abriría la puerta, entraría Rómulo, y lo sacaría a rastras de la misma manera. En algún punto, se quedó dormido.

⚜

A la siguiente mañana, se acercó a la feria y se encontró con la sorpresa de que, durante la noche, habían erigido una pira.

Sí, una pira, allí en la plaza. Evidentemente, el inquisidor estaba de regreso y los suyos se habían mantenido ocupados durante la noche.

A la gente del pueblo, por supuesto, se la notaba algo nerviosa, pero también a la expectativa. Probablemente pensaban que, si se quemaba a algún hereje, significaría que el Santo Oficio había ya encontrado a su presa y que pronto saldría del pueblo.

Perdido en sus pensamientos, caminaba entre dos tiendas cuando alguien lo tomó por el hombro. Era fray Sebastián.

—Necesitamos hablar —le dijo.

Había un árbol cercano, lo suficientemente lejos del barullo (que ya comenzaba) para que nadie los escuchara, pero no tanto como para causar sospechas.

—¿Van a quemar a alguien? —le preguntó Jerónimo.

—Sí, pero no a un monje.

—¿No? Ayer se llevaron a alguien, por la noche.

—Lo sé.

—¿Uno de nosotros?

—No. A Fidencio, el asistente del fray Ramón.

Fidencio era el asistente del cocinero. Prácticamente era el brazo derecho de fray Ramón. Sin embargo, nunca lo había visto en las reuniones.

—¿Por qué a él?

—No sabemos. Le pregunté a fray Ramón, pero él tampoco está seguro. Lo que creemos es que están detrás de Ramón, pero quizá se confundieron. Después de todo, los dos son físicamente similares. Quizás recibieron información de que alguien en la cocina está involucrado, y por alguna razón dieron con Fidencio.

Era verdad. Ambos gruesos, con una barriga prominente.

—Pobre... —dijo Jerónimo.

—Sí. Y eso quiere decir que probablemente tenemos poco tiempo. Vamos a suspender *Post tenebras lux,* por ahora.

—¿Para qué? ¿Para poder huir?

—Tendremos que huir pronto, no lo dudo, pero todavía no. Hay algo qué hacer primero. Es la razón por la cual aún no hemos salido del monasterio.

—¿Qué es?

—Hoy por la noche lo sabrás.

Triginta quattuor

Comenzaba a atardecer. El inquisidor fray Domingo estaba sentado frente a un escritorio, con papel, pluma y tintero delante de él. La carpa donde se encontraba era bastante amplia y estaba cerca de la tarima en donde en poco tiempo estaría sentado, la habían estado usando para almacenar barriles de vino. Sin embargo, mandó que sacaran todo para poder sentarse allí. Bueno, que sacaran *casi* todo. Dejó unas cuantas botellas de buen vino para él.

Afuera preparaban la hoguera. Entró Rómulo.

—¿Ya está todo listo? —preguntó el inquisidor sin levantar la vista.

—Todo listo.

—¿El hereje?

—Viene de camino. Estará aquí en cualquier momento.

—¿Viene despierto, espero?

—Estará despierto.

—Lo necesito despierto. Quiero que grite.

—Gritará.

El inquisidor asintió con la cabeza. Rómulo salió. Como si fuera una coreografía, entró fray Junio.

—Fray Domingo, el abad solicita una audiencia con vuestra merced.

—Qué venga después del auto.

—Eh... está afuera.

El inquisidor regresó la pluma al tintero y salpicó un poco de tinta en la mesa. Hizo un ademán con la mano indicándole a fray Junio que dejara pasar al sacerdote.

El abad Ricardo entró con los ojos relampagueantes. Por un momento, el inquisidor se sintió intimidado. Después de todo, el abad era un hombre alto e imponente, un hombre acostumbrado a que siguieran sus órdenes al pie de la letra.

Pero fray Domingo sabía tratar con personas de poder. No solo eso, incluso ya había quemado a dos o tres personas importantes. «Aunque nunca a un abad», pensó.

Se puso de pie para que el abad no lo mirara hacia abajo.

—Tome asiento, hermano —le dijo a fray Ricardo.

—No será necesario —le respondió, a secas.

—Bien —le dijo, manteniéndose de pie.

—No sé a qué está habituado hermano Domingo, pero yo, a tratar a otros con respeto. Pero lo que estoy viendo, y la manera en que el Santo Oficio se ha conducido en nuestro pueblo, es inaudito. En toda mi vida, nunca había oído de una conducta así.

Fray Domingo ladeó un poco la cabeza, pero no respondió.

El abad continuó.

—¿Cómo es posible que me esté enterando de hoy?

—¿De esto?

El abad se puso rojo y estuvo a punto de explotar. Logró calmarse.

—Todavía ni siquiera había terminado mis oraciones matutinas cuando entró fray Adulfo con cara de pánico —dijo apuntando hacia afuera, presumiblemente hacia fray Adulfo—. «Han puesto una hoguera», me dice. «¿Una qué?». «Una hoguera, en el pueblo. Van a quemar a un hereje». Y le digo: «Por supuesto que no. Eso es imposible. Fray Domingo ni siquiera está aquí. Está en Roma». Y entonces me entero no solamente de que ya ha llegado al pueblo sin siquiera mandar una carta de previo aviso, sino que además ha secuestrado a uno de mis monjes por la noche, y ha construido una hoguera, ¡y ahora se prepara para quemar a alguien! ¡Y ni siquiera sé a quién! ¡Exijo una explicación!

El abad resoplaba por la nariz. Sus hombros subían y bajaban. El inquisidor ni siquiera parpadeó. Metió una mano en su túnica y, sin apartar la vista del sacerdote, de un bolsillo interno sacó un papel enrollado, el cual tenía el sello del papa Pío V, un escudo con una corona encima y dos llaves en forma de equis detrás del escudo.

El abad tomó el rollo, y al reconocer el sello, sus ojos se abrieron.

«Temor», pensó el inquisidor.

Rompió el sello y comenzó a leer. Mientras leía, la sangre fue abandonando su cara. Comenzó a jorobarse, como si el tiempo avanzara velozmente sobre él, haciéndolo más pequeño. Se desplomó sobre la silla.

—Como puede ver, mi querido abad, esa carta, firmada por el mismísimo santo padre, me da a mí todos los derechos y autoridad sobre el monasterio de San Pablo Apóstol. Aunque no ha sido relevado de su puesto, a partir de este momento tengo completa autoridad sobre el monasterio, sus habitantes, sus finanzas, sus libros..., y por supuesto, sobre vuestra merced. He recibido poder absoluto y completo para llevar a cabo la investigación de la manera que me parezca más conveniente, y mis decisiones deben de tomarse como si vinieran desde la silla de San Pedro mismo.

El abad tenía la vista perdida en algún punto del suelo. Fray Domingo se sentó, y entrelazó las manos.

—Escúcheme bien, mi querido abad. No queremos causar un escándalo. No voy a leer esa carta públicamente. Yo no soy abad, ni quiero serlo. Soy simplemente un siervo de nuestro padre el santo papa. Y él me ha dado la encomienda de arrancar la herejía de este monasterio antes de que se convierta en otro San Isidoro. ¿Me entiende?

Fray Ricardo dijo que sí con la cabeza, apenas.

—Así que para que quede claro, yo hago lo que quiero, quemo a quien quiero, y vuestra merced obedece. Esa es la voluntad de nuestro santo padre.

Fray Ricardo puso el rollo en la mesa y recobró la compostura.

—Yo soy un siervo de la Iglesia —dijo—. Si esa es la voluntad del vicario de Cristo, que así sea.

—Cuando todo esto termine, podrá regresar a ser la autoridad aquí.

«Si es que queda algo de este monasterio», pensó. «Si es que no le gana la vergüenza».

Afuera ya se escuchaba a la multitud congregada. Fray Domingo tomó la pluma para continuar redactando la carta, y el abad entendió la indirecta. Se puso de pie y se marchó, tratando de retener su dignidad, pero con los hombros caídos.

—¿En dónde me quedé? —dijo para sí mismo—. Ah, sí.

Era la carta para el alcalde. Le explicaba cómo había llegado a la conclusión de que el hombre que hoy perdería su vida era un hereje. Y la razón era sencilla, él mismo lo había confesado, después de ser atormentado.

Iba a escribir «métodos inquisitivos», pero en lugar de eso escribió «tormentos».

Sonrió. Terminó la carta. La firmó. La selló. Salió de allí.

⚜

Una hora después, sentado en la silla sobre la tarima, con el abad a su derecha y el alcalde a su izquierda, el inquisidor se cruzó de manos. Había dado ya el discurso. Un buen discurso, por cierto. En los rostros de los pueblerinos veía esa combinación de sentimientos que siempre trataba de evocar, una mezcla de temor por el poder del Santo Oficio, pero también el morbo de ver a una persona quemarse.

Trajeron los soldados al pobre hombre, al impresor del pueblo, a quien ya le habían exprimido toda información, y quien de todas maneras moriría pronto. Al final había confesado no solamente ser parte de la secta luterana, sino además haber consultado a una hechicera y practicado la sodomía.

Mientras lo llevaban a la hoguera, la gente le lanzaba verduras podridas, e incluso piedras, y lo golpeaban mientras gritaban como en éxtasis.

—¡Muerte al hereje! ¡Dios te condene!

Lo amarraron. El hombre miraba a su alrededor, con la vista llena de pánico, pero sin decir palabra alguna. La gente seguía vociferando y lanzando cosas. Finalmente, se encendió el fuego. Habían hecho un buen trabajo. El fuego cobró vida casi inmediatamente.

Cuando un hombre, o una mujer, era calcinado en la hoguera, solo sentía dolor al principio, antes de que sus nervios se quemaran. Luego, si no se asfixiaban por el humo, simplemente movían la cabeza en espasmos hasta que su cuerpo era consumido por las llamas.

Comenzaron los gritos de dolor. Fray Domingo se preguntaba si así sonarían los condenados en el infierno.

Minutos después, envuelto el hereje en llamas, hubo un completo silencio. Mirando al pueblo, fray Domingo notó que un joven monje le sostenía la mirada. Ya lo había entrevistado. Era el asistente del bibliotecario. El joven lo miraba con enojo.

«Me pregunto cómo me mirará», pensó, «cuando esté atado en la hoguera».

Triginta quinque

Jerónimo sentía náuseas. No solamente por haber visto a un hombre morir quemado, sino por ver que el pueblo se deleitaba en ello.

«Si me llegan a quemar a mí, también se alegrarán».

Sin embargo, el abad, sentado en la tarima, desvió su mirada todo el tiempo. Como si no pudiera ver al condenado. Como si supiera que moría un inocente, que habían mandado matar a un cordero indefenso.

Jerónimo caminaba entre el gentío, que todavía se negaba a retirarse de la plaza, cuando sintió un tirón en su hábito. Era fray Agustín, que lo jaló para hablarle al oído:

—En el cuarto *septem,* en media hora. Urgente.

Dicho eso, se escabulló entre la gente tan rápido que por un momento dudó si verdaderamente era casi ciego. En media hora. Bien. Eso haría.

—Amigo, ¿adónde vas? —escuchó detrás de él.

Era Maclovio.

—¿Cómo dices?

Maclovio se acercó.

—¿Te retiras del festival?

—Bueno, ha sido un día largo. Para ser sincero, no estoy seguro de que *festival* sea la mejor palabra para lo que hemos visto. Y no me siento bien. —era cierto; había una especie de guerra dentro de sus tripas.

—¿Y qué piensas? —dijo apuntando con el dedo gordo hacia la plaza principal.

—Los herejes merecen el castigo de Dios —le respondió. Una respuesta vaga. Ciertamente creía que si una persona predicaba herejía merecía que Dios lo juzgara. Pero estaba convencido ahora de que la Inquisición no era el brazo justo de Dios.

—Me siento un poco desorientado —dijo Maclovio—. Ninguno de nosotros sabía lo de la hoguera. ¿Lo sabías vos?

—De ninguna manera, amigo. Fue una sorpresa para mí, al igual que todos. Incluso el abad parecía sorprendido.

—Lo vi salir de la tienda del inquisidor antes del auto de fe.

—¿Furioso?

—Pálido. Como si hubiera visto a un fantasma.

«Me pregunto qué conversaron», pensó.

—Creo que me retiraré. No me siento nada bien —le reiteró a Maclovio.

—Dios esté contigo —le respondió. No pudo evitar pensar que lo veía con esa mirada extraña.

Caminó rumbo al monasterio, y al estar como a un tiro de piedra de las carpas, miró hacia atrás, y vio que Maclovio permanecía allí, como una estatua, viéndolo.

El monasterio parecía vacío. Todos estaban en el pueblo. Debido a la fiesta, se les permitió no ir a los rezos, excepto a completas, cuando anocheciera, antes de retirarse a dormir. Eso le daba quizá un par de horas.

Entró al cuarto de escritorios, y sin perder tiempo, entró a la biblioteca y se dirigió al cuarto número siete. Al llegar a la puerta, la encontró cerrada. Tocó tres veces, y esperó.

La puerta se abrió. Entró. Solo una linterna, en la mesa, iluminaba a las tres personas que lo esperaban: fray Sebastián, fray Agustín y fray Ramón.

—Hagamos esto rápido —dijo fray Sebastián—, porque el hermano Ramón debe regresar a la cocina antes de que lo extrañen allí.

—Acércate a la mesa, hijo mío —le dijo fray Agustín.

—Bien —dijo fray Sebastián—. El inquisidor está pisándonos los talones. No dudo de que ya sabe algo de nosotros.

—Y sin embargo, no hemos huido —dijo Jerónimo—. Incluso Casiodoro y Cipriano huyeron.

—El hermano Casiodoro, hijo, no querría que huyéramos —respondió Agustín—. No todavía.

—¿Por qué?

Fray Sebastián tomó la lámpara y dijo:

—Por esto.

La luz iluminó, en una esquina, una imprenta. Sí, una imprenta de madera, un poco más pequeña que las que había visto, pero una imprenta de todas maneras. Y junto a ella, una mesa larga llena de hojas. Jerónimo se acercó, seguido por fray Agustín.

—Dios mío, están imprimiendo la Biblia entera —dijo.

—Sí —dijo fray Sebastián—. Casiodoro publicó su Biblia en castellano el año pasado. Así que mandamos pedirle permiso para imprimir algunas aquí, para su distribución en España.

—No lo puedo creer.

—Es por eso que no hemos abandonado el monasterio, todavía.

—Pero... ¿por qué aquí?

—Porque nunca sospecharían que una Biblia protestante se estuviera imprimiendo en un monasterio. Por lo menos, eso pensábamos, hasta que llegó el inquisidor.

—¿Cuántas han terminado?

—Dos. Quisiéramos terminar dos más antes de irnos.

—¿Tienen alguna aquí?

—Las primeras dos ya las entregamos. Pero podemos mostrarte una que está casi terminada. Solo nos falta el Apocalipsis.

Abrió un cajón en el extremo de la mesa y sacó un fajo de hojas. Jerónimo, con las manos temblorosas, puso la mano en la portada, que reconoció como un oso buscando la miel de un panal.

—No lo puedo creer —repitió—. ¿Cómo han logrado hacer esto? ¿Y sin que nadie se entere?

—No somos los únicos trabajando, por supuesto —dijo fray Sebastián—. Hay un par de personas más involucradas. Trabajamos normalmente en las noches, por turnos. De esa manera, nadie escucha nada.

—Es demasiado riesgo.

—Pero vale la pena.

·Sebastián tenía razón. Valía la pena completamente. Valía la pena arriesgar la vida por una encomienda así. Y aunque se sorprendió pensando esto, valía la pena incluso *dar la vida* por algo así. Esta era la Palabra de Dios en el idioma del pueblo. El lenguaje que cualquiera podría leer. La verdad de la Escritura estaba ahora al alcance de todos.

—Cómo puedo ayudar —les dijo.

—Ven hoy, tres horas después de medianoche, y te explicaré cómo usar la imprenta.

Fray Ramón le entregó algo. Era un reloj de arena.

—Muy bien, aquí estaré.

—Por supuesto —dijo fray Sebastián—, está de más decir que no puedes hablar de esto con absolutamente nadie.

—Entiendo.

—Absolutamente nadie —recalcó fray Agustín.

—Solo hay dos personas que tienen permiso de reclutar a otros —dijo fray Sebastián—, fray Agustín y yo.

—No se lo diré absolutamente a nadie. Sé que nuestra vida depende de eso. Y la vida de otros.

—Así es. Así que cuando vengas, asegúrate de que nadie te siga. Ten mucho cuidado. No me sorprendería de que el inquisidor estuviera vigilando los dormitorios. Así que muévete entre las sombras, sin hacer ruido alguno.

—Así será —respondió—. Una cosa más... tengo un presentimiento de que Maclovio sospecha algo de mí. Algo en su mirada.

Los tres monjes se miraron entre sí. Fray Agustín gruñó.

—Mantente alerta —le dijo fray Sebastián—. Nosotros lo vigilaremos, también. Ahora, con cuidado, salgamos de aquí.

Triginta sex

El reloj de arena que le habían dado calculaba una hora. Entonces tenía que voltearlo cada hora. Sin embargo, eso no le resultó difícil, porque ni siquiera podía dormir de la emoción.

Cuando pasaron las tres horas después de medianoche, salió del dormitorio por la puerta trasera. Fue muy cuidadoso. Estaba seguro de que nadie lo había visto. Además, la Providencia mandó unas nubes que ocultaban la luna y las estrellas, así que la noche era particularmente oscura. Cuando llegó al *septem,* el hermano Sebastián ya estaba allí, trabajando.

—¿Algún problema?

—Ninguno. Nadie me vio, nadie me siguió.

—Perfecto. Ahora, quiero que observes bien todo lo que hago, para que después lo hagas solo. Este es un trabajo para dos o tres personas, pero no podemos hacer eso. Por lo tanto, es más lento y cansado.

El cuarto era mucho más grande de lo que Jerónimo había imaginado. En una esquina estaban guardadas en orden un buen número de planchas de metal que tenían grabadas las palabras de la Escritura. Cada plancha imprimía una hoja.

Jerónimo tomó una plancha en la mano, y la admiró. Era una página del Evangelio de Lucas.

—Esto es... un tesoro.

—Sí. Y una de las razones por las que no nos hemos ido de aquí. ¿Sabes cuánto tiempo tardamos en poder contrabandearlas?

—¿Mucho?

—Mucho.

—Han tomado un riesgo increíble. Si alguien llega a abrir este cuarto...

—Nadie lo abriría. Solo existe una llave y es la que manejo yo. No hemos hecho duplicados.

—¿Pero si el abad o el prior piden entrar?

—Ninguno de los dos ha entrado a este tercer piso en años, hermano Jerónimo. El prior no es un hombre de letras, sino un hombre de acción. Y el abad siempre pide sus libros y se los llevamos. Cuando viene algún erudito para estudiar en nuestra biblioteca, el encargado de acomodarlo soy yo.

—Así que estamos escondidos a plena vista.

—Sí, pero no sé por cuánto tiempo. No dudo que pronto el inquisidor decida examinar la biblioteca de arriba a abajo. Para cuando eso suceda, debemos de estar lejos de aquí. Por eso hay que apresurarnos. Observa bien el método, para que lo puedas copiar.

A las planchas se les aplicaba tinta y se situaban bajo la prensa. Luego se colocaba la hoja de papel un poco humedecida sobre el bastidor, el cual inmovilizaba el papel para ponerlo encima de una base de piedra. Entonces, se colocaba todo debajo de la prensa en sí, se giraba una barra, la cual por medio de un mecanismo de torniquete aplicaba la tinta sobre la hoja. La hoja debía secarse, y listo. Luego el proceso se repetía.

—Con tu ayuda, podremos terminar el libro de Apocalipsis hoy, y llevárselo al mensajero por la noche. Él llevará la Biblia a su destino.

—¿Cuál es el destino?

—Eso, hermano, no es necesario que lo sepas.

—Está bien.

—No es necesariamente por falta de confianza. Pero si llegas a ser capturado, mientras menos sepas, mejor.

—Estoy de acuerdo. Pero ¿qué pasaría si te capturan a ti?

—Si me apresan, hermano, huye. Quiero pensar que podré resistir varios días a la tortura. Pero he presenciado algunas de las artes inicuas de la Inquisición. Y no tienen nada de santas. Dudo mucho que un ser humano pueda resistir, finalmente, ese tipo de maltrato.

El trabajo, aunque tomaba tiempo, no era difícil en sí, y aunque cansado, no de una forma exagerada. Además, trabajando dos personas al mismo tiempo, todo iba muchísimo más rápido. Evidentemente, trabajar nada más una persona a la vez haría todo el proceso no solamente más tardado, sino significativamente más agotador.

El tiempo, sin embargo, pasaba rápido. Trabajarían hasta justo antes del amanecer, para poder deslizarse de nuevo dentro del dormitorio para comenzar el rezo de la mañana. Maitines se celebraba antes del amanecer, seguido por laudes.

—¿Y cuál es tu historia, fray Sebastián? —le preguntó mientras aplicaba un poco de tinta a la plancha del capítulo 12 de Apocalipsis.

Fray Sebastián hizo una pausa, se quitó el sudor de la frente con la manga y se quedó pensativo por un momento.

—¿Conoces la historia de los monjes de San Isidoro, no?

—Sí. Creo que todos la conocemos, hasta cierto punto. Fue hace... ¿trece años?

—Trece, me parece... sí. Un total de doce monjes huyeron, incluyendo el prior, el procurador y varios frailes. Entre ellos un amigo mío, Cipriano de Valera. Algunos monjes no lograron escapar, y a los que han encontrado, los han ido quemando.

—Lo sé. Hace unos años quemaron a unos monjes, y me enteré que habían sido de San Isidoro.

—Así es.

—¿Entonces Cipriano es su amigo?

—Sí, él es ligeramente mayor que yo. Estamos relacionados por parte de mi madre. Con él he mantenido correspondencia desde que huyó. Y los dos somos aficionados a los mensajes cifrados, así que desarrollamos nuestro propio código.

—¿Entonces se comunican mediante mensajes?

—Por supuesto, hermano mío. Él fue el que me dijo que Casiodoro estaba trabajando en una Biblia en español. Me mantuvo al tanto de todo el proceso, e incluso me envió las planchas del Pentateuco antes de que se publicara el Antiguo Testamento.

—¿Y es así como consiguieron las planchas?

—Sí. ¡La Biblia se publicó completa hace solo un año, en Suecia!

Fray Sebastian giró la palanca hacia él, el torniquete bajó y presionó la plancha contra el papel. Giró de nuevo la palanca en sentido contrario, y al subir el torniquete, tomó la hoja y la examinó. Había quedado perfecta. La pusieron extendida en una mesa, para que se secara.

—Un par de años antes de que huyeran, Cipriano y yo habíamos comenzado a leer los escritos de Lutero. Por supuesto, al principio lo hicimos con muchísimo miedo. Fue Cipriano el que me introdujo a ellos. Por un tiempo tuve temor, perdí el sueño, no sabía si lo correcto era denunciar a mi amigo. El problema era que mientras más leía al alemán, y a Melanchthon, el brazo derecho de Lutero, más me convencía de que estaban en lo correcto. No completamente en lo correcto, o por lo menos así pensaba en aquel tiempo. Cuando mi amigo huyó, perdí el contacto con él por un año entero. Pensé que estaba muerto. Finalmente, me llegó otra de sus cartas. Para entonces, yo ya estaba convencido de la importancia de la Reforma. Estaba decidido a huir, pero Cipriano me convenció para quedarme, mientras pudiera, en España.

—Así que eso hizo.

—Eso hice.

—¿Y los demás? ¿Fray Agustín?

—Cada uno de ellos tiene su propia historia, hermano mío. Ya tendrán tiempo de contártela.

En total, trabajaron dos madrugadas más. Increíblemente, Jerónimo no se sintió cansado. Pensó que era la emoción de lo que estaba haciendo. Se sentía vivo. Finalmente, terminaron de imprimir el Apocalipsis.

—¿Tienes energía para salir a entregar la Biblia? —le preguntó fray Sebastián.

—Completamente.

—Después de esto, quiero que descanses un poco. Eres joven, pero tu cuerpo necesita el descanso. Te lo digo por experiencia.

—Descansaré después de esto.

—Bien. La madrugada del lunes la entregaremos.

Triginta septem

Bajaban por la colina del monasterio, cubiertos por la noche, iluminados por las estrellas. Sebastián llevaba la Biblia en un bolsón. Jerónimo lo seguía. Solamente ellos dos salieron, pues el viaje sería más allá del pueblo. El mensajero vivía en el pueblo de Guadalupe, y tardarían media hora llegar allí a caballo.

Llegaron, primero, al granero del hermano Joaquín, a quien Jerónimo había conocido hacía poco. Era un buen hombre, de corazón noble y dadivoso. Siempre se ofrecía para ayudar en lo que podía.

—Estos son dos de mis mejores caballos. Son fuertes y bien adiestrados —les dijo—. Deben llegar hasta Guadalupe y regresar sin ningún problema.

Jerónimo le dio dos palmadas en el cuello al caballo que montaría. Era un animal hermoso, negro como la tinta, fuerte.

—¿Cómo se llama? —le preguntó a Joaquín.

—Ese se llama Galeón. Es voluntarioso, pero veo que le gustas.

Galeón bufó suavemente, como afirmando lo dicho.

—Y el tuyo —le dijo a fray Sebastián, apuntándole al caballo bayo oscuro que montaría— se llama Trueno.

Fray Sebastián puso la Biblia en la alforja y montó sobre Trueno.

—Pues bien, espero que sea tan veloz como su nombre.

—Vos mismo lo comprobarás, hermano.

—En marcha, pues.

Poco tiempo después, cabalgaban rápidamente rumbo a Guadalupe. Por supuesto, por la hora, no había persona alguna en el camino. A Jerónimo le preocupaba un poco que pudieran encontrarse con alguna banda de ladrones. Pero no era tan factible. Además, si atrapaban a dos monjes, lo único que encontrarían de valor sería el libro, pues no llevaban dinero. Y no muchos ladrones estarían dispuestos a llevarse un libro de botín, pues aunque los libros eran caros y preciados, vender uno no era sencillo, especialmente uno que evidentemente fuera robado.

Hacía mucho que no cabalgaba y menos a esta velocidad. Se sentía feliz. Además, su corazón bombeaba con fuerza por la experiencia vigorizante de salir a escondidas, y el peligro que eso conllevaba. Le sorprendió lo bien que cabalgaba el hermano Sebastián. Cada vez se sorprendía más con este hombre. Andaba sobre el caballo como si fuera parte de sí mismo.

Todo el trayecto lo hicieron en silencio —era casi imposible hablar, de todas maneras, mientras galopaban— para llegar lo más pronto posible.

Cuando divisaron el pueblo, Sebastián se detuvo.

—La casa del mensajero está allá —apuntó—, justo a las afueras del pueblo.

—Perfecto. Así es mejor.

Cuando llegaron, el mensajero los esperaba. Era un hombre grueso, de nariz chata y cabello rizado. Aunque parecía cansado, tenía los ojos expectantes.

—Bienvenidos, hermanos, ¿todo bien?

—Todo bien, hermano Juan. Este es el hermano Jerónimo.

—Escuché hablar de ti —le dijo—. Bienvenido al club de los perseguidos.

—Un placer.

Desmontaron. Entraron en la casa, una casa en extremo pequeña, con solo un cuarto, un poco desordenado. Parecía que el hermano Juan vivía solo.

—Y bien, ¿qué tienes para mí? ¿La tienes?

—La tengo —respondió Sebastián, sacando la Biblia.

Los ojos de Juan se iluminaron:

—Bendito sea Dios.

La abrió, y comenzó a hojearla en silencio. Pasó la yema de los dedos sobre las hojas mientras musitaba en silencio algunos de los versos. Tenía los ojos humedecidos. Finalmente levantó la vista.

—Siempre siento como si fuera la primera vez que veo una Biblia en castellano.

—Lo mismo me pasa a mí —dijo Sebastián.

—Me encargaré de ponerla en las manos correctas.

—¿Cómo están las cosas? ¿Cómo están las aguas?

—Calientes. Calientes, hermano. Tengo que cuidarme las espaldas a cada momento. La Inquisición trabaja duramente para encontrarnos, pero hasta ahora hemos logrado escapar. Pero cada vez se acercan más.

—¿Y vos? ¿Cómo estás?

El hermano Juan se puso pensativo:

—Estoy bien. Esto lo vale. Arriesgar la vida por algo así —tocó la Biblia con ambas manos— vale el riesgo. ¿Y vosotros? ¿Sigue el inquisidor en el monasterio?

—Sí, sigue allí —contestó mirando a Jerónimo, quien en respuesta asintió con la cabeza—. No sabemos cuánto más tiempo podremos permanecer.

—¿Y si intentan sacar la imprenta?

—Lo he pensado, pero es demasiado trabajo. Nos costó muchísimo tiempo llevarla allí. Sacarla... no creo que tengamos suficiente tiempo.

—Por lo menos deberían considerarlo.

—Créeme, hermano, hemos considerado todas las opciones. Por lo menos, todas las que se nos vienen a la mente. Pero al final, llegamos a la misma conclusión, haremos lo que podamos, y después, huiremos.

—¿Cuántas más piensan imprimir?

—Una más.

—¿Solo una?

—Solo una. Más de eso es poner nuestras vidas en un peligro excesivo.

—Tienes razón, hermano. Eso no. Los necesitamos vivos por más tiempo. Mientras sea la voluntad de Dios, por supuesto.

—Mientras sea la voluntad de Dios, tenemos pensado seguir con vida —sonrió Sebastián. Luego apuntó a Jerónimo con el pulgar—. Nuestro hermano Jerónimo me ayudó con esta última. Aprende rápido.

—Hicieron una buena labor. Gracias. Los hermanos lo agradecerán mucho. Esta Biblia llegará a buenas manos.

—Lo sé, querido hermano. De eso no me queda duda.

—Sé que tienen un poco de prisa, pero ¿les ofrezco algo? ¿Un poco de vino? ¿Pan? ¿Nueces? Creo me queda algo de fruta —dijo comenzando a ponerse de pie.

—No, no, tenemos que salir ya. Mientras menos tiempo estemos fuera del monasterio, mejor. Además, si nos atrasamos un poco más, nos amanecerá.

—Ni hablar, entonces.

Se pusieron los tres de pie.

—Entonces... ¿espero una Biblia más?

—Sí. Te mandaré una paloma para que estés listo cuando vengamos a dejarte la última —fray Sebastián sacó una pequeña hoja—; aquí está el código que usaré en el próximo mensaje.

El hermano Juan le dio un vistazo rápido, y guardó el papel.

—Muy bien. Tengan mucho cuidado, hermanos. Las huestes de Satanás vuelan a nuestro alrededor como cuervos.

Salieron y montaron.

—Tenemos que apresurarnos. No deben extrañarnos en maitines —dijo fray Sebastián. Agitó las riendas, y se pusieron en marcha.

Cabalgaban a todo galope. Gracias a Dios, los caballos eran excelentes. Parecían contentos de que se les exigiera esa velocidad.

Jerónimo seguía sin poder creer cómo su vida había cambiado en tan poco tiempo. Era como si su castillo interior si hubiera desmoronado, pero ahora comenzaba a reconstruirse desde el fundamento. Mientras que antes pensaba que el fundamento de la Iglesia era el papa, se daba ahora cuenta que el fundamento apostólico se encontraba en las Escrituras mismas. Allí había seguridad. Por ellas valía la pena arriesgarse.

¿Llegaría el día en el cual todo cristiano tendría acceso directo a la Palabra de Dios? Solo podía imaginarse lo hermoso de vivir en un mundo así. ¿Cómo sería poder leer diariamente la Biblia en el idioma vernáculo? ¡Una bendición! Por ahora, había que luchar por ese sueño.

El aire le pegaba de frente, y las lágrimas salían abundantemente por el viento frío. Le empezaba a doler el cuerpo por el viaje, pero ambos caballos no parecían cansarse. Comenzaban a acercarse al pueblo, llegaron al camino que los dirigiría a una de las entradas principales. Repentinamente, fray Sebastián se detuvo. Estaba por preguntarle la razón de hacerlo, cuando vio que adelante, en la entrada del pueblo, había un par de antorchas. Todavía estaba oscuro, pero pronto amanecería.

—¿Qué son? —preguntó Jerónimo—. ¿Aldeanos?

—No lo creo. ¿Con antorchas? ¿A esta hora? Y son varios. No, son soldados.

—¿De la Inquisición?

—Casi seguro. Quizá estén esperándonos.

—¿Nos habrán visto?

—No lo sé.

Pero recibieron la respuesta cuando las antorchas comenzaron a cabalgar hacia ellos.

Triginta octo

—¡Sígueme! —le dijo Sebastián, latigó las riendas, y salieron del camino, por la izquierda, alejándose de sus perseguidores en un ángulo de 45 grados. Iban rumbo al bosque.

Jerónimo se emparejó, y fray Sebastián le gritó:

—¡Los perderemos en el bosque!

Miró a su derecha. Sus perseguidores abandonaron también el camino, y se acercaban a ellos rápidamente, en línea recta.

«Ellos también saben lo que tramamos», pensó. «Pero ¿se atreverán a entrar al bosque encantado?».

Sonaría la campana en cualquier momento. Los monjes se dirigirían al primer rezo del día e indudablemente notarían su ausencia. El prior mandaría buscarlos, y encontrarían sus celdas vacías. Entonces sospecharían o confirmarían sospechas. ¿Qué excusa podrían inventar? No, serían capturados inmediatamente.

—¡Jiá, Galeón, vamos! —gritó, y el caballo se lanzó hacia adelante, con el cuello inclinado y las orejas echadas hacia atrás, como un caballo que se aproxima a la batalla.

Una revirada rápida le confirmó lo que sospechaban, que eran cuatro soldados de la Inquisición, tan cerca que podía escuchar el tronar de sus herraduras.

—¡Alto, alto en el nombre del papa! —escuchó.

—¡Deténganse ahora!

Algo surcó el aire, cerca de su oreja.

«La flecha de una ballesta», pensó.

En ese momento llegaron el bosque. Jerónimo hizo lo posible por seguir a fray Sebastián, pero era difícil. Habían entrado por un lugar espeso, y tenían que esquivar los árboles y matorrales. El caballo iba a trote, no a galope.

—¡Fray Sebastián! —gritó y lo lamentó de inmediato. ¿En qué estaba pensando? Más bien, no estaba pensando.

¿Dónde estaba fray Sebastián? Lo había perdido. Sin embargo, al parecer, los soldados, o algunos de ellos, habían persistido en la persecución, porque podía escuchar el bufar de los caballos y el maldecir de los soldados no lejos a su espalda.

«No me pueden capturar. Si me atrapan, soy hombre muerto».

Era casi imposible continuar a caballo. El bosque estaba espeso, y la luz de la luna no se filtraba lo suficiente como para dejarle bien ver por dónde ir. Lo mejor sería seguir a pie. Desmontó.

—¡Regresa a tu lugar! —le dijo al caballo, y le dio dos palmadas en las grupas. El caballo pareció entenderle, porque inmediatamente salió de ahí de regreso hacia la entrada del bosque. Eso debió haber confundido a sus perseguidores, quienes gritaron apabullados.

Aprovechó eso para salir corriendo. Se tropezó, se golpeó la boca, se puso de pie, tropezó de nuevo.

«¡No moriré en la hoguera, moriré de una caída!».

El bosque se despejó un poco, y pudo ver mejor. Ya no escuchaba que lo persiguieran. No, probablemente ellos también decidieron regresar, o perseguir a fray Sebastián. Tenía que retornar al monasterio. Miró el cielo y se ubicó por las estrellas. Apretó la marcha.

Entró al dormitorio justo cuando la campana anunciaba maitines. Algunos hermanos comenzaban a salir de sus celdas rumbo a la iglesia. De haber prestado mejor atención, se habría percatado de que una puerta no estaba completamente cerrada.

Se puso el capuchón, para que nadie notara que sudaba abundantemente y que tenía la respiración agitada. Los hermanos caminaban somnolientos, sin saludarse, sin notarse, lo cual era para su ventaja.

Una mano fue puesta sobre su hombro. Se le atoró un grito en la garganta.

—Tranquilo, hermano, soy yo —le susurró una voz al oído.

¡Era fray Sebastián!

—Esos soldados eran rápidos —le dijo fray Sebastián—, pero no lo suficiente —y le guiñó el ojo.

—Pensé que nos atraparían.

—Estuvo cerca. Me persiguieron un rato, pero conozco el bosque mucho mejor que ellos, y la aldea también. Tomé un atajo para llegar más rápido.

—Igual yo.

—Creo que nadie nos vio entrar. Yo te vi entrar, desde el final del pasillo, pero nadie más. Creo.

Maitines, laudes y prima sucedieron sin novedad. De allí, pasaron al desayuno, en silencio. Luego caminaron hacia la sala capitular, donde, después de la lectura, el prior dio anuncios, evitando hablar del edicto de fe aunque todos esperaban que mencionara algo. Pero el prior se mantuvo serio, sin reflejar emoción en su rostro. El abad miraba hacia el suelo, completamente distraído, con los ojos desenfocados.

—Bien, hermanos, eso es todo por hoy... —el prior levantó la vista.

Fray Rodolfo, el herbolario, había levantado la mano.

—Eh, sí, hermano Rodolfo.

Se puso de pie. Era un hombre delgado, medio encorvado, con las manos huesudas manchadas de verde y púrpura.

—Esperaba que estuviera aquí fray Domingo —dijo el herbolario—. Llevamos ya varios días esperando que se presente aquí, delante de todos nosotros.

—¿Y por qué? ¿Por qué habría de hacer tal cosa? —replicó el prior Adulfo—. No está obligado por la ley canónica.

—¿Que por qué? —levantó la voz el hermano Rodolfo—. ¿Qué por qué? ¡Pues para darnos una explicación!

Los monjes comenzaron a murmurar, asintiendo y apoyando al herbolario.

—Queremos que alguien nos explique lo que está pasando —continuó fray Rodolfo.

—¡Así es! —afirmó fray Ignacio.

El herbolario miró a su alrededor y apuntó con manos abiertas a sus hermanos:

—Ese hombre se mueve por nuestro monasterio como si fuera el mismísimo santo padre el papa —se santiguó—. Nos manda hacer esto y aquello. Nos interroga. Prácticamente nos culpa de ser Lutero en persona, resucitado. Y de repente, sin decirle a nadie, sin consultar en este santo consejo, decide construir una hoguera y quemar a don

Navarro. ¡Así no son las cosas, hermanos! ¡Y don Juan era mi amigo! —escupió la última frase.

La sala capitular explotó en gritos. En toda su vida, Jerónimo nunca había visto que algo semejante sucediera en la junta. La gran mayoría apoyaba a fray Rodolfo, y exigía explicaciones, mientras que otros vociferaban intentando apaciguar a sus hermanos. El prior, rojo y molestísimo, gritaba también y agitaba su índice contra el herbolario.

—¡Silencio! —tronó el abad.

Todos guardaron silencio. El abad seguía con la mirada perdida. Sacudió levemente la cabeza, como recuperando la compostura, y se puso de pie.

—Siéntense todos.

Lo hicieron. El silencio reinó por un largo rato, incómodo. Jerónimo notó que el abad parecía haber envejecido diez años en los últimos diez días. Renuente, el abad sacó un pedazo de papel, lo desenrolló, y leyó:

«Por medio de la presente, otorgó al inquisidor fray Domingo de Sevilla, todo el poder y autoridad sobre el monasterio de San Pablo Apóstol y el pueblo de El Prado. En el poder y autoridad de Cristo, Pío V».

Silencio de sepulcro.

—Bendita virgen —dijo alguien en voz apenas audible.

—Queridos hermanos —continuó el abad—. El inquisidor fray Domingo tiene la razón. Tenemos herejes entre nosotros.

Comenzó un murmullo. Continuó:

—No quería creerlo. Me rehusaba a hacerlo. Pero ahora pienso que tiene razón. Por lo tanto, estaremos revisando cada rincón de este monasterio hasta encontrar la herejía, y expulsarla de aquí para siempre.

—Pero ¿cómo? ¿Nos tratarán como herejes a todos? —dijo fray Rodolfo, indignado.

—El que nada esconde, nada debe temer —el abad se sentó y, con el símbolo de la cruz, dio por terminada la junta.

Triginta novem

Salieron rumbo a la iglesia para rezar tercia. Fray Agustín se le emparejó y, cuando no había nadie cerca le dijo:

—Nos vemos en el *septem* después del rezo.

Jerónimo asintió.

Antes de ir a la iglesia, se dirigió a la letrina. Al salir, se encontró con Maclovio, que lo esperaba afuera.

Jerónimo se sorprendió al verlo, pero Maclovio no. Parecía que lo estaba esperando. Se quedaron allí, como petrificados, sin decir nada. Maclovio, sin embargo, tenía la cara roja, y el labio inferior le temblaba. Tenía una extraña mueca en la cara. «¿Está enojado?», pensó por su aspecto.

—¿Maclovio? —le preguntó—. ¿Te encuentras bien?

Maclovio frunció el ceño y abrió la boca, pero antes de que pudiera decir nada, salió también de la letrina el hermano Albertino, uno de los monjes más ancianos, y los miró con desaprobación.

—¿Y vosotros? ¿Qué hacéis aquí perdiendo el tiempo, perezosos? En marcha.

Así que caminaron los tres juntos y, aunque se moría por saber qué era lo que su amigo iba a decirle, el hermano

Albertino hablaba de quién sabe qué sobre la letrina en malas condiciones.

Después del rezo, apresuradamente, se dirigió hacia la biblioteca, asegurándose de que nadie lo siguiera, pero al mismo tiempo intentando parecer natural. No quería levantar sospechas, no ahora. Atravesó el primer piso, subió las escaleras y llegó al séptimo cuarto. Tocó dos veces, la puerta se abrió apenas un poco, y luego lo suficiente para dejarlo entrar.

Adentro lo esperaban Agustín y Sebastián a la luz de una vela.

—¿Fray Ramón? ¿Venía contigo? —le preguntó Sebastián.

—No, vine solo. No lo vi al venir.

—Vendrá retrasado —aventuró fray Agustín.

—Ahora que lo recuerdo... ¿estuvo en el rezo? —preguntó Sebastián.

Fray Agustín dijo:

—No, me parece que no. Estaba distraído, demasiadas cosas en la mente, pero creo que no lo vi.

A decir verdad, no recordaba tampoco haber visto a fray Sebastián.

—¿Y el plan? ¿Cuál es el plan? —preguntó Jerónimo, desesperado.

—El plan es huir. Ha llegado el tiempo de hacerlo.

—Pero la imprenta...

—No hay tiempo, no hay tiempo. Hay que huir ya, hay que hacerlo hoy. Se nos acabó el tiempo.

—¿Quizá podamos llevarnos algunas planchas?

Sebastián lo pensó por un momento.

—No, eso solo nos retrasaría el paso. Tendremos que cabalgar a toda velocidad, porque nos estarán pisando los talones. Necesitamos salir prácticamente solo con nuestra ropa puesta. ¿Entendido?

Jerónimo asintió.

—Es importante que... —comenzó Sebastián, pero lo interrumpió fray Agustín al levantar la mano.

—¡Silencio! Alguien se aproxima.

Inmediatamente enmudecieron. La puerta ¿tenía el candado puesto? ¿Podría entrar alguien sin problema?

Entonces oyeron un *toc, toc, toc* en la puerta.

—¿Será fray Ramón? —susurró Jerónimo.

Fray Agustín había perdido el color en su cara y negó con la cabeza.

Toc, toc, toc.

Sebastián dio unos pasos hacia la puerta y la abrió apenas un poco. Se quedó allí, de pie, sin decir nada, por unos momentos.

Una voz, del otro lado de la puerta, dijo:

—Hermano Sebastián, hágame el favor de abrir la puerta por completo.

Jerónimo sintió que un escalofrío le recorría la columna. Los ojos se le nublaron por un momento, y sintió que perdía el equilibrio.

Sebastián, lentamente, abrió la puerta. Del otro lado estaba el abad, el prior, un par de soldados, Rómulo y el inquisidor, de quien provenía la voz.

La mirada del abad reflejaba terror, sorpresa y tristeza. El prior estaba con la boca abierta y los ojos desorbitados. Tanto Rómulo como el inquisidor sonreían.

Quadraginta

Esa noche Jerónimo apenas pudo moverse. Estaba encadenado de pies y manos en una oscura celda del calabozo del pueblo. No solo no podía moverse por las cadenas, sino por la golpiza que le dieron los soldados antes de lanzarlo adentro. A él no le fue tan mal. Solo lo golpearon antes de encarcelarlo. A Sebastián lo apalearon en la biblioteca, y ni siquiera tuvieron misericordia con fray Agustín, aunque fue a Sebastián a quien lo dejaron casi inconsciente.

Cuando los sacaron a rastras de la biblioteca, se aseguraron de que fuera a vista de todos los monjes. Jerónimo se sentía tan aterrado que apenas pudo levantar la vista, pero al hacerlo, no advirtió enojo en sus hermanos monjes, sino pánico, estupefacción y miedo.

Los lanzaron a una carreta con barrotes, y al cerrarla, el inquisidor proclamó a voz en cuello:

—¡He aquí los herejes! ¡Mírenlos bien! —los apuntó con su dedo huesudo—. Yo se lo dije, yo se lo advertí, pero no me creyeron. ¡No me creyeron, estúpidos! ¡Son unos estúpidos, unos torpes, todos! Sin embargo, los hemos encontrado con una evidencia contundente en su contra.

Levantó algo. Era una plancha de imprenta. Agitó la plancha por encima de su cabeza, como si fuera algún tipo de trofeo.

—Aquí está la evidencia. Una traducción hereje de nuestro libro santo, de la Escritura santa, hecha por unos impíos que huyeron de España —una vena le pulsaba ferozmente en el cuello. Lanzó el metal al suelo y lo pisó con fuerza—. Aquí está el anatema, escondido en medio de nuestro campamento. Ahora sacaremos a estos blasfemos, quienes serán juzgados por la ley de Dios y de los hombres, y serán encontrados culpables, eso lo puedo asegurar. Véanlos ahora, porque la próxima vez que pongan su mirada sobre ellos, será mientras se retuercen en el fuego que los dejará listos para el fuego eterno preparado para Satanás y sus ángeles.

—¡El blasfemo eres vos! —retumbó una voz.

Jerónimo se sobresaltó. Era Sebastián, a quien pensaba desmayado, que estaba ahora de rodillas y apuntaba al inquisidor con un dedo desafiante.

—¡Dios te juzgará a ti, sepulcro blanqueado! Acabas de pisar la mismísima Palabra del Dios viviente. Que Dios tenga misericordia de ti, y te abra el corazón. Podrás quemarnos a nosotros, ¡pero no podrás apagar el fuego que Dios encenderá en incontables corazones por el poder de su Palabra!

Fray Domingo perdió todo el control sobre sí.

—¡Cállenlooooo! —escupió con la cara morada y las venas a punto de reventarse en su frente y cuello. Parecía endemoniado—. Callen a ese... a ese...

Un soldado le dio un golpe con la base de la lanza a Sebastián, en la frente. Se escuchó un *crack,* y Sebastián se desvaneció, cayó de espaldas con los ojos en blancos.

Acto seguido se los llevaron rumbo a la prisión. Jerónimo inmediatamente revisó a su amigo, y gritó un aleluya al sentir su pulso. No estaba muerto.

Al salir del monasterio, fray Agustín le dijo:

—Mantente firme, muchacho —sus dientes estaban manchados de sangre—. Todo pasará pronto.

—¡Guarden silencio vosotros dos —bramó un soldado— o los dejaré sin lengua!

Fray Agustín le dio dos palmadas en el hombro, y asintió.

Pero ahora estaba allí, en la cárcel, dolorido, hambriento, solo acompañado por las ratas que escuchaba escurrirse cerca de él, probablemente esperando a que se durmiera para darle un mordisco.

Después de un tiempo (¿mucho?, ¿poco?, no tenía idea) intentó moverse. Le dolían las costillas por un puntapié que le propinó un guardia justo antes de cerrar la puerta.

Aunque encadenado de pies y manos, las cadenas no estaban sujetas al piso o a la pared. Eso le permitía moverse en su celda, la cual era pequeña, húmeda y maloliente.

Llegó hasta los barrotes. Frente a él se extendía un pasillo que se perdía tanto a la izquierda como a la derecha. Si recordaba bien, los soldados salieron hacia su izquierda. Probablemente esta no era la única celda, pero hasta ese momento no había escuchado a nadie.

El pueblo era de buen tamaño, pero no era una ciudad. Así que tendría unas cinco o seis celdas como mucho. Sabía que encarcelaron tanto a Sebastián como a Agustín en la misma prisión, así que debían estar por allí.

Quería saber si se encontraban bien. Intentó hablar, pero no lo logró. Su lengua estaba seca, y tenía muchísima sed. Finalmente, logró decir, con voz ronca:

—¿Fray Sebastián? ¿Hermano Agustín?

Nada. Ni una voz, ni un ruido.

—¿Hermano Agustín, está...? ¿Está bien?

De nuevo, nada. Lo intentó una tercera vez, pero nadie le respondió. Quizá estaban dormidos. O tal vez estaban... ¡no! No quería ni pensarlo.

Se oyó apenas un susurro:

—Aquí estoy, hermano.

Era la voz de fray Agustín. Sonaba débil.

—¡Gloria sean dadas a Dios! Pensé que estaba...

—No, todavía no —le respondió fray Agustín—. A menos que Dios intervenga, pronto estaré en la presencia de Jesús. Pero todavía no.

—¿Fray Sebastián?

—No lo sé —luego, con voz más fuerte—: ¿Sebastián? ¿Sebastián, estás allí, hermano?

Nadie respondió en la oscuridad.

—Debe estar bien, está en la celda junto a la mía. Lo escuché moverse y quejarse antes de que yo dormitara. Probablemente también duerme. Lo necesita, sus heridas son más extensas.

—Y necesita ver a un doctor. Ese golpe en la cabeza...

—Probablemente envíen a un doctor a verlo, aunque dudo que haga mucho para salvarle la vida.

Una pausa. Jerónimo intentó pasar saliva, y dijo:

—¿Y ahora, hermano Agustín? ¿Qué sigue?

—¿Qué sigue?

—Sí. ¿Cuál es el plan...? ¿Hay algún plan?

—El plan es esperar en Dios, y prepararnos para verle.

—Pero pensé que quizá alguien, quizá alguno de nuestro grupo intente rescatarnos.

—Dios quiera que no lo intenten, hermano. Este lugar debe estar bien resguardado. Más bien, espero que ya estén de camino a Madrid. O, mejor aún, rumbo a Ginebra o en un barco hacia Inglaterra.

—Ginebra. Allí está Teodoro Beza, el sucesor de Calvino, ¿cierto?

—Sí. Y allí está, o estaba, el hermano Cipriano de Valera. Dicen que Ginebra es como la nueva Jerusalén de hoy.

«Pero es demasiado tarde para nosotros», pensó. Si tan solo hubiera escapado un día antes. No estarían en el calabozo. No estarían heridos. No tendrían la muerte aproximándose a ellos.

«Pero esta fue la voluntad de Dios. Debo aprender a aceptarla».

Recordó las palabras del apóstol Pablo: «Porque yo ya estoy para ser sacrificado, y el tiempo de mi partida está cercano».

Y ¿cómo afrontó Pablo sus últimos días? Con valor. Pero ¿podría él hacer lo mismo? No estaba seguro. ¿Cómo saber si, en medio de la tortura, no se retractaría de lo que ahora creía? ¿Cuánto podría resistir su cuerpo al dolor y al sufrimiento? Y cuando encendieran las llamas a sus pies, ¿podría mantener su enfoque en el galardón celestial, o sus últimas palabras serían una blasfemia en contra del Creador?

Con esos pensamientos retorciéndose en su cabeza, le trajeron algo para comer. Era un potaje verde, aunque no lograba distinguir su contenido. Le pidió agua al soldado que le trajo la comida, pero su respuesta fue reírse.

Pasó el tiempo. Dormitaba y volvía a despertarse. No tenía una ventana que le señalara la hora del día, pero seguramente ya era de noche.

Sin darse cuenta, se quedó profundamente dormido, y se levantó asustado al escuchar que abrían el candado de su celda.

—Camina —le ordenó el guardia, quien sostenía una linterna.

Intentó ver a fray Agustín y a Sebastián, pero lo empujaron con tanta fuerza que no logró verlos, solo escuchó la voz del viejo monje.

—¡Persevera!

Subieron las escaleras, atravesaron una puerta gruesa de madera, caminaron por un pasillo y, finalmente, entraron a un cuarto amplio, donde detrás de una mesa larga le esperaban fray Domingo, Rómulo, fray Junio, un escribano, el alguacil y don Francisco, el alcalde del pueblo que, si bien iba elegantemente vestido, tenía unos ojos cansados. Además, cuatro soldados bien armados custodiaban a los hombres sentados.

Jerónimo permaneció de pie. No había silla para él.

—Bienvenido, fray Jerónimo —le dijo el inquisidor.

No le respondió. Tenía hambre. Frente al inquisidor, en la mesa, una manzana roja atraía su atención.

El inquisidor levantó brevemente las cejas, tomó la manzana, la miró curiosamente, le dio una mordida y la dejó de nuevo en la mesa. Masticó lentamente, tomándose su tiempo.

—Puedo compartirla contigo, hermano Jerónimo. Hoy me siento particularmente generoso.

—No, gracias —respondió a secas.

El inquisidor se encogió de hombros.

—Como vos prefieras —miró a los hombres a su alrededor, con una leve sonrisa en el rostro. Luego se dirigió de nuevo a él—. Estás aquí porque has sido acusado de promover la causa luterana. Tenemos pruebas en tu contra. La evidencia no deja lugar a dudas. Sin embargo, entiendo que eres un monje joven y brillante, también. Tienes todo tu futuro por delante. Imagínate hasta dónde puedes llegar en la Iglesia si te arrepientes, haces penitencia y eres restablecido a la comunión.

Fray Domingo se puso de pie, rodeó la mesa, y se puso a unos cuatro pasos de distancia.

—La Iglesia es misericordiosa, hijo mío. La Iglesia no busca tu perdición, sino la redención de tu alma. Y la única manera de redimir tu alma es por medio de una confesión completa.

«En otras palabras, traicionar a mis amigos», pensó. En lugar de eso, respondió:

—Dices que tienes evidencia contundente en mi contra. Pero haberme encontrado en un salón no me implica, necesariamente. Necesitarás más que eso.

Al fin y al cabo, para poder quemar a un hereje, se tenía que seguir la ley. Por eso existían los abogados. Tenía que haber una confesión, o testigos, o una evidencia concreta.

—¿Pensabas que salías y entrabas del monasterio sin que nadie te viera? Tenía a alguien espiándote cuidadosamente. Estuvo registrando cualquier movimiento extraño tuyo, cada comentario fuera de lugar. Todo bajo mis instrucciones.

Sintió cómo la sangre abandonaba su cara.

—Ese es el problema con vosotros —dijo fray Domingo—. Sois muy malos para esto. ¡Traigan al testigo!

Uno de los soldados salió. El inquisidor lo miraba, divertido. Momentos después, la puerta se abrió a su espalda. Se dio la vuelta. Junto al soldado entró su amigo, Bernardo.

Quadraginta unus

«¿**B**ernardo...? ¿Vos?».

Fray Bernardo apenas le dirigió la mirada. Fue tan solo por un par de segundos, pero por primera vez desde que lo conocía vio en los ojos de su amigo, o quien había considerado su amigo, algo que jamás había visto, odio.

—Bienvenido, fray Bernardo.

—Gracias, fray Domingo. Estoy para servirle.

—Y lo has hecho muy bien, muchacho. Muy bien.

«Me ha engañado», pensó. «Todo este tiempo me ha engañado».

—¡Eras mi amigo! —soltó Jerónimo—. ¡Mi hermano!

Bernardo se giró y, para su increíble sorpresa, le propinó una bofetada que por poco lo manda al suelo.

—¡No soy hermano de herejes, blasfemo!

El inquisidor soltó una risotada.

—Tranquilo, fray Bernardo. No tenemos por qué perder el control. Ya tendremos tiempo para... interrogar a nuestro hermano Jerónimo con más intensidad. Aunque espero que no tengamos que llegar a eso.

—¿A qué? —espetó Jerónimo—. ¿A la tortura?

El inquisidor dio un paso hacia él y se inclinó para verlo a la altura de los ojos.

—Sí. A la tortura. Y créeme, Jerónimo, que haré lo que tenga que hacer para purgar tu pecado y salvar tu alma.

El inquisidor se enderezó y apuntó a Bernardo con la palma hacia arriba.

—Nuestro buen amigo Bernardo ha estado trabajando conmigo desde hace tiempo. Me dijo que tenía sospechas de ti desde los primeros días que llegué al claustro.

«¿Desde entonces?», pensó. De eso habían pasado ya meses. Quiere decir que, por todo ese tiempo, Bernardo, su amigo, ¡su amigo!, lo había espiado, tratando de sacarle más información.

El inquisidor se llevó las manos a la espalda.

—Quizá no sepas esto, Jerónimo, pero Bernardo es sobrino mío... ¿Por qué esa cara de sorprendido?

—Nunca pensé... —balbuceó.

—Por supuesto que nunca lo pensaste. ¿Cómo habrías de saberlo? ¿Y por qué habría de decírtelo él, o alguien más? El único que lo sabía era el abad.

Jerónimo perdía fuerza en su cuerpo. Se sentía cansado. Derrotado. Perdido.

—Rómulo pensó que te había visto salir corriendo de la junta de herejes un lunes por la noche. En ese momento, no estábamos completamente seguros de que fueras vos. Pero nuestras sospechas se confirmaron cuando Bernardo encontró los escritos herejes en tu celda. Desde entonces, ha estado registrando tus salidas y entradas por las noches.

«Así que fue él».

—Puesto que soy un hombre misericordioso, decidí darte tiempo para que confesaras. Si lo hubieras hecho en ese momento, no estaríamos aquí. Pero decidimos vigilarte, y tengo varios testigos entre mis soldados que te vieron salir y entrar. Todos ellos darán testimonio en la corte bajo juramento —agregó—. Mandé a mis soldados para que te capturaran junto con Sebastián esta madrugada, pero lograsteis evadirlos. Los felicito por eso. Pero solo era cuestión de tiempo.

Después de una pausa, fray Domingo agregó:

—¿Tenéis algo qué decir?

Pero ¿qué podía decir? Quería ser valiente. Recordaba haber leído las palabras de Martín Lutero ante la dieta de Worms. Quería tener el mismo valor que el reformador. Pero ahora no sentía esa valentía. Estaba decepcionado consigo mismo. Había sido engañado por uno de sus mejores amigos, por un buen periodo de tiempo, y nunca había desconfiado de él. Sí, algunos de sus comentarios le habían levantado un poco de sospecha, pero evidentemente no lo suficiente.

El inquisidor le dio dos palmadas en el hombro a fray Bernardo.

—Mi sobrino va por buen camino para convertirse en un inquisidor, ¿no crees, fray Jerónimo?

Todos en el cuarto se rieron.

—Cuando salgamos de aquí —le dijo a Bernardo—, terminarás tus estudios monásticos conmigo, hijo. Es hora de que salgas de esta pocilga y aprendas a defender la fe.

Al decir esto, fray Junio se movió incómodo en su silla. Quizá acababa de darse cuenta de que este joven monje sería posiblemente su rival, si no su reemplazo en un futuro no muy lejano.

—Le agradezco, tío. Será un placer.

Antes de marcharse, Bernardo le tiró una mirada llena de veneno, luego una sonrisa burlona, y salió de allí meneando la cabeza.

El inquisidor se cruzó de brazos, pensativo. Después de un momento, caminó de nuevo a su lugar detrás del escritorio.

—Traigan el próximo testigo —dijo.

¿Otro más? ¿Cuánto más duraría esto? Apenas y podía permanecer de pie, quería sentarse, aunque fuera en el suelo.

Frente a él, el séquito del inquisidor lo miraban con cierta indiferencia. No podía verles bien la cara, porque el cuarto era oscuro, y las lámparas encendidas lanzaban tétricas sombras en el cuarto.

Se abrió de nuevo la puerta.

No quería mirar. Pero lo hizo.

Su corazón se cayó aún más al ver entrar a fray Ramón, el cocinero.

Quadraginta duo

«Oh, Padre celestial», musitó Jerónimo. El cocinero estaba casi irreconocible. La mitad de la cara estaba negra por un moretón que le había cerrado por completo el ojo izquierdo. Los labios estaban hinchados. Incluso lo habían traído dos soldados porque le costaba caminar. El brazo izquierdo le temblaba, y tenía los dedos doblados de una manera extraña.

«Le han quebrado la mano», pensó Jerónimo. Para un cocinero, ese era un castigo terrible. Quizás ya nunca podría usar su mano de nuevo. No podría cocinar con la misma efectividad de antes.

Los soldados lo soltaron y se desplomó. No pudo detenerse con las manos, así que su cara impactó el suelo.

—¡Levántenlo! —rugió fray Domingo.

Lo intentaron los soldados, pero le era imposible permanecer de pie.

—De rodillas, pues.

Lo hicieron. Fray Ramón se tomó la mano izquierda con la derecha, como protegiéndola.

El alcalde miró al inquisidor con el ceño fruncido.

—Pero ¿qué es esto? Dijiste que lo interrogarías, no que lo dejarías medio muerto.

Fray Domingo a su vez se dirigió a Rómulo.

—Te dije que... te dije que con cuidado. Me lo traes casi muerto.

—No quería hablar, padre.

—Pero lo has hecho pulpa.

—Esto es inaceptable —dijo el alcalde—. Este hombre tiene derechos.

—Este hombre es un hereje, alcalde —apuntó el inquisidor.

—Lo sea o no lo sea, ni un testigo ha hablado en contra de él. No se le puede tratar así. No se le puede torturar sin que haya testigos en su contra.

—Bien, bien —levantó las manos el inquisidor—. No se repetirá.

El alcalde quiso decir algo, pero prefirió guardar silencio. Se cruzó de brazos.

Jerónimo sintió que un escalofrío le recorrió la espalda. «No se le puede torturar sin que haya testigos en su contra». Pero estaban trayendo testigos en su contra. Lo que significaba que podrían torturarlo a él.

—Fray Ramón, usted ha confesado ser parte de un grupo de herejes —dijo el inquisidor—. ¿Cierto?

El cocinero no quería alzar la vista.

—Fray Ramón, estoy perdiendo la paciencia y también la misericordia.

El cocinero levantó la mirada. Temblaba descontroladamente. Después de unos segundos, asintió.

—Necesito escucharte decirlo.

—S-sí, excelentísimo padre.

—Este grupo de monjes herejes se dedicaba a imprimir una traducción hereje de las Escrituras, a reunirse en torno a esa traducción, y a predicar la doctrina luterana. ¿Es eso cierto?

—Es cierto.

—Ese grupo de monjes incluía a fray Sebastián, fray Agustín, y fray Jerónimo. ¿Cierto?

El panadero no respondió.

—¿Cierto?

Fray Ramón miró a Jerónimo. Las lágrimas comenzaron a correr por sus ojos. Sus labios hinchados temblaban.

—Lo siento —le susurró—. Perdóname, hermano Jeró...

—¡No hablas con el blasfemo, hablas conmigo!

Pero fray Ramón no apartó la mirada de él. Al verlo así, ensangrentado y débil, Jerónimo entendió. No sentía rencor. No sentía enojo, solo tristeza al ver a su hermano. Cuando él estuviera en la misma posición, ¿podría mantenerse firme?

—Te perdono, hermano —le dijo.

El inquisidor, ahora situado detrás del escritorio, se puso de pie y golpeó la mesa con ambas palmas. Todos se estremecieron.

—¡Respóndeme, panadero, o te quemaré hoy mismo! —Luego se dirigió a él lenta y deliberadamente—. Ese grupo de monjes incluía a fray Sebastián, fray Agustín y fray Jerónimo. ¿Cierto?

—Cierto —respondió, apenas audible.

—¡Ahí lo tienen, señores! Este hombre acaba de dar fe, con toda esta corte como testigo. Este testimonio será usado en el juicio de los tres herejes. Y usted, fray Ramón, podrá regresar a su casa. Ya no podrá ser más un hermano de esta orden, pero por lo menos preservará su vida. Llévenselo de mi vista.

El inquisidor se sentó de nuevo cuando obedecieron su orden.

—¿Están todos satisfechos con lo que acaban de escuchar?

Todos asintieron.

—Muy bien. Procederemos con el juicio. Quiero un juicio rápido. Bien hecho, pero rápido. Cuanto antes quememos a los blasfemos, mejor. Bendito será el día en que abandone este miserable pueblo.

El alcalde lo miró de soslayo, pero mantuvo los labios apretados.

Quadraginta tres

Cuando lo arrojaron de nuevo a la celda, se llevaron a fray Agustín a su interrogatorio. Lo dejaron solo, aunque probablemente no por mucho tiempo. Mientras se acomodaba en la oscuridad, escuchó la voz de fray Sebastián.

—¿Hermano Jerónimo?

—¡Hermano Sebastián! ¿Estás bien?

—Estoy bien, con un tremendo dolor de cabeza. Aunque vino el doctor y me dijo que estaré bien, dentro de lo que cabe, por supuesto. Lo suficientemente bien para el interrogatorio y la tortura, supongo.

—Vi al hermano Ramón. Lo han torturado.

—Oh, Dios, ten piedad de él.

—Nos ha delatado. A los tres.

—Lo entiendo. Está bien. De lo contrario, lo torturarían hasta matarlo.

—¿Y nosotros? ¿Qué haremos?

—Escúchame bien, Jerónimo. Cuando te interroguen, di todo lo que sepas. De todas maneras, sabes muy poco. Yo logré avisar a los hermanos antes de que nos capturaran.

—¿Sí? ¿Cuándo?

—¿Recuerdas verme en el rezo de tercia?

—No, no te vi.

—Porque no fui. Más bien, me apresuré al palomar. Mandé todos los mensajes que pude. Nuestros hermanos debieron haber huido a tiempo, de lo contrario estarían aquí haciéndonos compañía. Por lo tanto, no importa si los delatamos. Ya no están en el pueblo. Deben estar lejos. Muy lejos de aquí, espero por la gracia de Dios.

—Entiendo.

—Escúchame bien, hermano. Dales lo que te pidan. La clave es que nos saquen de aquí, que nos lleven a cualquier otro lugar. El alguacil está... —se escuchó el abrir de una puerta—, de nuestro lado, el problema es poder escapar.

«¡Por supuesto que de nuestro lado el problema es poder escapar!», pensó. Esa era precisamente la dificultad.

Regresaron dos guardias. Inmediatamente, por supuesto, guardaron completo silencio. Para su mala fortuna, los guardias no cometieron de nuevo el mismo error de dejarlos a solas.

Los siguientes días fueron una neblina para Jerónimo. Por la mañana, los dejaban en paz, y les daban algún tipo de potaje insípido. Por la tarde, los torturaban. Al parecer, el abad había pedido que los trataran con algo de clemencia. Así que la tortura, hasta ahora, había consistido en golpes, cachetadas, azotes, y el método preferido de Rómulo, ponerles un pedazo de tela sobre el rostro y verter agua sobre ellos. La sensación de ahogarse es horrible.

Las preguntas que le hicieron a Jerónimo las respondió. Siguió el consejo que le había dicho Sebastián. Tenía razón, en realidad, él sabía poco. El inquisidor pronto se dio cuenta de eso y se dedicó mucho más a Sebastián.

Jerónimo podía escuchar que lo torturaban con más vehemencia.

Pero no podía hacer nada. Solo gemir en la oscuridad, pedir fuerza a Dios. Y sentía esa fuerza. Tenía que ser la fuerza sobrenatural de Dios. No había otra explicación para ello. Aunque no podía evitar el terror al escuchar los pasos de su torturador acercarse, al mismo tiempo, era como si un ángel pusiera su mano sobre su hombro y le diera fortaleza.

Una noche —el martes siguiente— los tres fueron llevados ante un tribunal allí mismo, en la prisión. A Jerónimo todo le daba vueltas. Le dieron vino fuerte para despertarlo y para que pudiera comparecer ante el tribunal, aunque más bien, estaba mareado. Parecía como si todo fuera un sueño, una pesadilla. No podía escuchar con atención. Sin embargo, logró entender el inquisidor cuando dijo:

—Por la autoridad que se me ha dado por el papa, y como defensor de la doctrina de la fe de la Santa Iglesia católica, los tres quedan condenados a morir por la hoguera este jueves.

⚜

Sorprendentemente, la mañana siguiente les dieron una buena comida. Un pedazo de pollo, frijoles, un pan moderadamente suave y leche. Para Jerónimo, era un banquete.

Esa noche los visitó el abad. Primero habló con Sebastián, luego con fray Agustín, pero no logró escuchar las conversaciones, pues fueron en voz baja. Finalmente llegó a él. Traía una pequeña lámpara.

Jerónimo se acercó a los barrotes. No podía ponerse de pie porque las cadenas le pesaban. El abad se arrodilló.

—¿Cómo te encuentras, hermano Jerónimo?

—Estoy bien, abad. Estoy listo.

—Vengo..., vengo a ofrecerte el sacramento de la extremaunción. Te ruego, te ruego encarecidamente que lo tomes, por el bien de tu alma. Déjame hacerlo. Confiésate conmigo y te absolveré. Lo prometo.

—Gracias, abad —le respondió con voz rasposa—. Pero no es necesario. Mi alma está segura. Estoy listo para ver a mi Salvador. Las Escrituras son claras: «soy salvo por la fe». Y yo he puesto mi fe en él. Él cumplirá lo que prometió.

—Sin embargo, ¿no lo harás por tu bien? ¿Y si estás equivocado? Ninguno de los tres ha aceptado el sacramento. ¿Pero si están equivocados? —dijo con ojos llenos de lágrimas.

—¿Y si lo está vuestra merced?

El abad no respondió. Su respiración se hizo profunda. Se quedó pensativo.

—Espero en Dios no estarlo.

—Oraré por vuestra alma, abad. Vos eres un buen hombre.

—¿Lo harás? ¿Orarás por mí?

Jerónimo asintió. El abad se puso de pie.

—Dios es misericordioso —dijo el abad—. Ruego tenga piedad de vosotros.

Y se marchó.

Quadraginta quattuor

El jueves por la mañana, fray Domingo se sentía bien. Hacía mucho que no se sentía con tanta energía. Es más, hasta sonrió cuando le trajeron el desayuno. Su cara no estaba acostumbrada a sonreír, pero lo hacía cuando era tiempo de quemar a herejes. Eso siempre le traía gozo. Sabía que estaba haciendo el trabajo de Dios. Llevaba la espada que le fue otorgada por el papa. Era el defensor de la verdadera fe. Hoy sería un día de victoria en el reino de Dios.

Cuando terminaba su desayuno, entró fray Junio.

—¿Está todo listo?

—Todo listo, padre. La gente ya comienza a acercarse. En media hora estará lleno, seguramente.

—¿Siguieron mis instrucciones con respecto a la hoguera?

—Al pie de la letra.

—Perfecto. Quiero que se quemen lentamente. Que sea un ejemplo para todos.

—Así será, excelentísimo padre.

Fray Junio estaba por retirarse, pero el inquisidor levantó la mano, así que permaneció de pie.

—Has sido un buen asistente, fray Junio. Veo un gran futuro para ti.

El semblante del joven se iluminó.

—Solo que no con mi séquito —siguió el inquisidor.

A fray Junio se le congeló la cara.

—Me has prestado un buen servicio. Pero fray Bernardo, mi sobrino, tomará tus responsabilidades. Haremos un viaje a Roma, y allí se decidirá lo que sigue para ti.

El joven estaba tan conmocionado que no podía emitir palabras. Tenía en el semblante una mezcla de sorpresa y desilusión. Fray Domingo le ayudó.

—Puedes retirarte.

Lo hizo, con la cara roja y ojos húmedos.

Una hora después, metieron a los tres herejes en un carromato con barrotes. Así, todo el pueblo los veía mientras eran conducidos hacia la plaza principal, en donde se llevaría a cabo el auto de fe. Como siempre sucedía, los aldeanos les lanzarían piedras e insultos por el camino. Luego los atarían al palo de la hoguera. Después pronunciaría el discurso, que había ensayado durante muchos días ya y, finalmente, el fuego.

Tanto él como fray Junio iban en un carruaje escoltado por Rómulo y cuatro guardias, y detrás de ellos el carromato con los prisioneros, escoltado por cuatro guardias también.

El viaje hacia la plaza era de un cuarto de hora.

Mientras rebotaban por el camino de piedra, fray Domingo leía algunas de las cartas que había recibido. Tendría que dictarle las respuestas a fray Junio después del auto.

Le dio lástima verlo tan decepcionado, pero no tenía tiempo para que le diera lástima. Bernardo, al final, sería un mejor asistente, estaba seguro. Su sobrino tenía agallas. Llegaría ser un buen inquisidor, sin duda alguna. Tenía lo que se necesitaba.

El carro se detuvo. Siguió leyendo. El carro no avanzó. Hizo a un lado la cortina para mirar por la ventana. Aunque no podía ver bien, al parecer un carromato detenido les impedía avanzar.

—Lo único que nos faltaba.

Fray Domingo abrió la puerta.

—¿Qué está pasando?

Rómulo se acercó.

—El carromato de un estúpido mercante perdió una rueda. Lo moveremos enseguida.

—Bien —cerró la puerta, y en seguida escuchó un grito.

—¡Están rodeados! No queremos hacerles daño. ¡Tiren sus armas y ríndanse!

—¿Pero qué...? —dijo el inquisidor. Abrió la puerta y bajó un pie al suelo. Fray Junio, curioso, asomó la cabeza.

Rómulo desenvainó su espada.

—¡Nos atacan! ¡Atentos!

Fray Domingo se volvió a fray Junio para decirle que regresara a su asiento, pero algo curioso sucedió. En un parpadear, la cabeza de fray Junio ligeramente se sacudió. De su garganta sobresalía un pedazo de madera recto y delgado, que terminaba en plumas color blanco y negro.

Parecía —¡era imposible!— que una flecha se había incrustado en la garganta de su asistente. Mientras surgía un hilillo de sangre que bajaba por su cuello, y se desplomaba al suelo como un muñeco de trapo, escuchó los gritos.

No eran gritos de dolor. Era un grito de guerra, fuerte, estremecedor, seguro. Luego la voz de su sabueso, Rómulo.

—¡Fray Domingo, adentro!

El inquisidor soltó un juramento cuando Rómulo lo empujó hacia dentro, pero se tropezó con el cuerpo de fray Junio que daba espasmos, y cayó de bruces. Se puso a gatas, se giró hacia la puerta, tomó las piernas de su asistente y lo lanzó fuera del carro, para poder cerrar la puerta.

Se asomó por la ventana. De las ventanas de las casas de su alrededor salían proyectadas flechas. Evidentemente, algunas de ellas encontraron su marca, pues escuchó el alarido de dolor de sus soldados. Algunas se clavaron en el carruaje con un *¡thunc!* que se escuchó seco.

Una flecha entró por la ventana rozándole la sien. El inquisidor se fue de espaldas, lanzando todos los juramentos que se sabía.

—¡Llévenselo! ¡Llévenselo de aquí! —escuchó a su sabueso gritar.

El carruaje se movió.

Quadraginta quinque

Lo que estaba sucediendo, Jerónimo no lo podía creer. Era una emboscada. Los habían tomado completamente por sorpresa. Escuchó a Rómulo gritar instrucciones, y el carruaje en donde iba el inquisidor se dio la vuelta para salir por la retaguardia. El conductor azotó las cuerdas para emprender la huida.

Puesto que la calle no era ancha, por un momento pensó que sería imposible. Que el carromato donde ellos iban de prisioneros evitaría que el inquisidor escapara. Pero increíblemente, logró pasar, rozándolos a distancia de un cabello.

Además de Rómulo, eran un total de ocho guardias, bien armados. Pero tres ya estaban en el suelo, dos que habían custodiado al inquisidor y uno que los custodiaba a ellos. Por alguna razón, ninguno llevaba escudo. Probablemente no pensaron que sería necesario. Y no tenían dónde esconderse.

El ataque era con flechas, y solamente dos soldados tenían ballestas. Ellos fueron los primeros que cayeron abatidos. Por lo tanto, tenían que defenderse con espadas contra una lluvia de proyectiles. Por supuesto, los soldados se dieron cuenta de que sin duda morirían y emprendieron todos la retirada. Todos, menos Rómulo.

El enorme soldado, increíblemente, permanecía con su cuerpo todavía intacto. Pero Jerónimo sabía que era solo cuestión de tiempo antes de que una flecha encontrara su marca en tremendo cuerpo. Rómulo corrió hacia ellos, hacia su carromato. ¿Qué intentaría?

«Nos va a matar», pensó. «Viene para matarnos».

Llegó hasta ellos, y abrió la puerta. Él llevaba las llaves.

—¡Cuidado! —se escuchó una voz—. ¡No vayan a darle a los hermanos!

Las flechas cesaron.

Rómulo abrió la puerta. Se acercó a él, y Jerónimo le propinó una patada en la cara con todas sus fuerzas. El sabueso del inquisidor gritó, pero logró tomarlo por el tobillo y lo jaló hacia afuera. Entonces, levantándolo como si no pesara, Rómulo puso el filo de la espada sobre su garganta. Se puso detrás de él, usándolo como escudo.

«Padre, me encomiendo a ti».

¿Así que esto era morir? Pensaba que quizá vería recuerdos de su infancia, esos momentos de más alegría. Pero no fue eso lo que cruzó por su mente.

«Estoy listo, Señor Jesús. Estoy listo para ver tu luz».

Rómulo gritó:

—¡Alto! ¡Una flecha más, y le cortaré el cuello!

Comenzaron a salir sus rescatadores. Jerónimo pudo reconocer al hermano Joaquín, el dueño de la bodega, quien gritó:

—¡Déjalo ir! Estás completamente rodeado. Todos tus soldados han huido. Déjalo ir y te perdonaremos la vida. ¡No nos obligues!

Podía oler el sudor y el aliento podrido de la boca de Rómulo, quien jadeaba casi en su oreja. Tenía la mitad de la cara escondida detrás de su cabeza, asomando solamente el ojo izquierdo. Con la mano zurda lo sujetaba con una fuerza colosal, abrasándolo, y con la derecha mantenía el filo de la espada en su cuello.

Seis personas se acercaban. Y entonces reconoció a uno más que salió de entre los seis para ponerse enfrente. Era Maclovio.

Su amigo —¡su amigo Maclovio!— levantó el arco y tensó la cuerda.

Con voz firme, gritó:

—Es tu última oportunidad, Rómulo. Suéltalo.

Rómulo se rio. Soltó una carcajada llena de odio.

—¿O qué, rata asquerosa? —dijo—. ¿O me...?

La flecha abandonó el arco. Surcó el aire. Entró por el iris del ojo izquierdo de Rómulo, atravesó su cerebro, y asomó la punta por detrás del cráneo.

Rómulo vaciló. La espada abandonó su mano, y él cayó al suelo, muerto.

PARTE IV

EL FORAJIDO

Quadraginta sex

Temblaba de ira. Intentaba controlarse, pero no podía. Fray Domingo había logrado llegar al monasterio vivo. Al salir huyendo de la emboscada, le ordenó al chófer que no lo llevara a la plaza principal, pues temía que ahí lo estuvieran esperando. En lugar de eso, lo llevaron directo al claustro del monasterio, y dio instrucciones de que, cuando llegara el abad, lo viera en la sala capitular. Dentro de la sala capitular, sentía la necesidad de destruir algo. Quería tomar la mesa de en medio y convertirla en astillas con un hacha. Su corazón no dejaba de palpitar descontroladamente.

Trataba de borrar de su mente lo que acababa de suceder, pero las escenas seguían repitiéndose en su cabeza. El último grito de Rómulo hacía eco en sus adentros.

«¡Nos atacan! ¡Atentos!».

¿Estaría Rómulo vivo? Solo veía tres opciones: o perseguía a los herejes, o estaba herido, o sin vida.

—¡Maldición, Rómulo! Debiste saber que nos atacarían —dijo al aire.

Desgraciadamente asumieron que, al capturar a los monjes, el resto de los herejes habían huido. Pero no. En lugar de largarse del pueblo, esperaron pacientemente e idearon una estrategia de rescate. Quién lo hubiera pensado. Ahora sería el hazmerreír del Santo Oficio.

Y fray Junio. Sacudió la cabeza para que desapareciera el recuerdo de los ojos abiertos del joven cuando la flecha le atravesó la garganta.

¿Qué era lo último que le había dicho? Ah, sí. «Puedes retirarte».

«Le daré santa sepultura», pensó. «Es lo menos que puedo hacer».

La puerta se abrió. Esperaba ver al abad. Pero no, era uno de los guardias, el sargento de la unidad, el segundo al mando después de Rómulo.

—¡Soldado! ¿Por qué tanto retardo? ¿Dónde están los otros?

El soldado no podía levantar la mirada.

—Los demás... excelentísimo padre, los demás...

—¡Habla!

—Soy el único. El resto de la unidad está muerta o ha huido.

El inquisidor se quedó sin habla. Entonces entendió esa última frase.

—¿Huido? ¿A qué te refieres con huido?

—Se han escapado, señor. Desertado. No lo pude evitar. Ya no están aquí. No los vamos a encontrar. Desertaron para no afrontar la justicia. Sabían que vuestra merced es un hombre duro, y...

—Lo soy. Y los encontraré. Y sí, los ahorcaré cuando los encuentre, y me aseguraré de que los cuervos tengan sus ojos por postre —dijo—. ¿Y Rómulo?

—Muerto, padre.

—¿Qué? —gritó—. ¿Cómo? ¿Estás seguro?

—Completamente.

—¿Cómo puedes estar tan seguro? —le dijo, todavía incrédulo.

—Porque traigo su cuerpo en el carromato. También el de fray Junio. El alguacil se está encargando del resto.

El inquisidor lanzó un juramento.

—Tendré piedad de ti porque regresaste. Ahora ve y consígueme al alguacil.

⚜

El abad y el prior llegaron casi dos horas después. Explicaron que al no llegar el inquisidor y su séquito a la plaza se dieron cuenta de que algo andaba mal, pero hubo confusión de información, pues ningún guardia, ni Rómulo, les informó de lo sucedido.

—Rómulo está muerto —dijo el inquisidor.

—¿Muerto? —preguntó el prior.

—Muerto. Me acabo de enterar. Todos mis guardias huyeron o no han regresado. No sé dónde están. Solamente uno ha regresado, y me trajo el cuerpo de Rómulo y de fray Junio.

El abad y el prior se santiguaron.

—Una emboscada, entonces —dijo el abad, que se había sentado tranquilamente en su silla.

—¡Una emboscada! ¡Sí! ¿Qué clase de pueblo es este? ¿Qué clase de pueblo es para que le tiendan una emboscada a la guardia del Santo Oficio?

—Un pueblo de campesinos, inquisidor —respondió el abad—. Me sorprende que simples campesinos hayan podido rescatar a tus prisioneros, hacer huir a tus mejores soldados y matar a tu guardia personal.

Fray Domingo se acercó al abad y gritó.

—¡Todo esto es tu culpa! Este monasterio era responsabilidad suya. Lo hago responsable.

El abad Ricardo se puso en pie, y por primera vez en varios días, pareció haber recuperado toda su fuerza. Incluso parecía más alto y amenazante. Fray Domingo dio un paso hacia atrás al ver la figura que parecía abalanzarse sobre él.

—La culpa es tuya, Domingo —aseveró—. Tuya y completamente tuya. Estos tres monjes estaban bajo tu custodia. No aceptaste ayuda mía, ni de ninguno de nosotros. Y ahora se han escapado, y no tienes a quién culpar más que a ti. Ten por seguro que daré un informe detallado al gran inquisidor y, de necesitarse, ¡al papa mismo!

Quería responderle algo, pero no encontraba las palabras.

El abad continuó:

—¡Así que más vale que pongas manos a la obra y encuentres a esos forajidos, antes de que pierdas tu reputación y cargo!

—Yo...

—¡Largo de aquí! No eres bienvenido en este lugar santo. No quiero volver a ver tu rostro. Toma tus cosas, y no regreses nunca más.

A fray Domingo le temblaba la cara.

—Esta no será la última vez que escuches de mí, Ricardo.

—Por tu bien, espero que sí.

Salió de allí crujiendo los dientes. Afuera le esperaba el alguacil, de nombre Jacinto. Era un hombre de baja estatura pero fornido, con ojos negros y sagaces. Fray

Domingo, al verlo, aguantó el deseo de sacudirlo por los hombros.

—Buen momento para aparecer, alguacil. ¿Dónde estaban sus hombres cuando los necesitábamos?

—Estábamos a unas cuantas calles de vosotros. Sufrimos un pequeño retraso. Nos bloquearon el paso, también. Cuando llegamos, ya era demasiado tarde.

El inquisidor maldijo.

—Esos blasfemos lo tenían todo preparado. ¿Y qué noticias hay?

—Hemos puesto guardias en todas las salidas. También estamos solicitando información de todos nuestros informantes.

—Bien. ¿Nada, todavía?

—Nada. Pero alguien hablará. Alguien debió haber visto algo, en dónde se metieron.

—¿Y si ya huyeron?

—No, los hubiéramos visto.

—Debemos encontrarlos. Si los encuentras, habrá una gran recompensa para ti.

—Cuente conmigo, padre, y con mis hombres. Encontraremos a esos herejes, y haremos uso de las hogueras.

«Eso espero», se dijo. «De lo contrario, seré el bufón no solo de este pueblo, sino de todo Roma».

—Haré lo que tenga que hacer para encontrarlos. Dios es testigo —dijo fray Domingo con los puños cerrados.

Quadraginta septem

La noche cayó sobre el pueblo de El Prado. Hacía frío. Jerónimo, sentado en una silla, se tapaba con una frazada que le habían traído. Puesto que se escondían en lo que parecía una casa abandonada del pueblo, no encendieron ningún fuego. De hecho, hablaban en susurros. Un hermano médico atendía las heridas de Sebastián y Agustín, quienes se encontraban sentados junto a él en círculo. Al parecer, ambos se recuperarán. Jerónimo estaba impresionado por su fortaleza.

En la esquina, el hermano Joaquín intentaba consolar a un joven, de nombre Ignacio, cuya flecha mató a fray Junio. Momentos después, el hermano Joaquín se acercó.

—¿Cómo está el joven Ignacio? —le preguntó Sebastián.

—Triste. La flecha no era para el joven monje, sino para Rómulo. Pero no acertó, y en lugar de eso... bueno, un terrible accidente —sacudió la cabeza—. Vamos a esperar un poco más de tiempo. Mi hijo está buscando la mejor manera de escapar. Él conoce todas las entradas y salidas de este pueblo. Nunca pensé que pusiéramos a buen uso lo que por mucho tiempo fue motivo de frustración para su madre y para mí.

—Muy bien, esperaremos —dijo fray Sebastián, con su voz quebradiza.

—Si me permiten preguntar —dijo Jerónimo—, ¿ya tenemos un plan?

Miraron a Sebastián.

—Sí —dijo—. El plan es sencillo. Lo primero es llegar a Valencia. Allí un amigo mío nos tiene un barco preparado. Es un barco pequeño, pero eso es mejor. Iremos rápido, será más difícil atraparnos, si la Inquisición decide darnos seguimiento. Nos haremos al mar hasta Mónaco. Allí, en el puerto, nos estará esperando, Dios mediante, mi buen amigo Cipriano de Valera. Él nos llevará hasta Ginebra, si todo sale bien.

—Pensé que Cipriano estaba en Inglaterra —dijo fray Agustín.

—Así es, pero nos hará el favor de llevarnos y presentarnos en Ginebra a Teodoro Beza.

—Suena a un buen plan —dijo Jerónimo—. ¿Iremos todos?

—¿Todos? —dijo el hermano Joaquín—. No, solo vosotros. El resto de nosotros tenemos otros planes. Nos quedaremos aquí en España. Otros irán hacia Inglaterra.

«Tiene sentido», pensó. «Si vamos todos nosotros por el camino, será más fácil encontrarnos».

Maclovio estaba sentado en una esquina, solo, perdido en sus pensamientos. Jerónimo se acercó y se sentó junto a su amigo.

—¿Estás bien? —le preguntó Jerónimo.

—Estoy bien. Hubiera preferido que nadie tuviera que morir en la emboscada.

—Lo entiendo. Y estoy de acuerdo. Debes estar sacudido.

Maclovio asintió.

—Sin embargo, supe que iba a degollarte. Lo pude ver en sus ojos. Si no lanzaba la flecha...

—Yo estaría muerto.

—Pero ¿he tomado el asunto en mis manos? Quizás debí dejárselo a Dios.

—Quizás, amigo. No lo sé. No tengo las respuestas, pero debo admitir que estoy agradecido contigo. Me salvaste la vida.

Su amigo sonrió.

—Aunque, admito que sospeché de ti —dijo Jerónimo—. Pensaba que tratabas de sacarme información.

La sonrisa de Maclovio se hizo más grande.

—Sí, eso fue idea de fray Sebastián —dijo apuntándolo con la cabeza.

—¿Pero cómo?

—Cuando supimos que no sabías que yo era parte del grupo, fray Sebastián decidió usarlo a nuestro favor. Yo intentaría sacarte información, para ver si verdaderamente estabas de nuestro lado o no.

—Y cuando te vi, fuera de las letrinas, ¡pensé que estabas furioso! Pensé que ibas a acusarme.

—¿Furioso? ¡No! Lo que pasa es que ya no aguantaba más. Quería decirte que estaba de tu lado, que no estabas solo. También, ya sospechaba yo de Bernardo, y tenía pensado decírtelo todo.

—¿Ya sospechabas de él?

—Sí, pero no estaba seguro.

Jerónimo sacudió la cabeza.

—Todavía no lo puedo creer. Debiste verlo en mi interrogación. Su mirada estaba llena de tanta ira. No puedo creer lo fácil que me engañó.

—El corazón es engañoso más que todas las cosas, ¿no es así?

—Antes lo pensaba, ahora estoy seguro de ello—. Luego añadió—: ¿Y entonces, amigo? ¿Saldrás con nosotros?

—No, amigo. Tengo pensado ir a Inglaterra. Allí hay una comunidad de antiguos monjes españoles que ahora están siendo pastoreados en la fe protestante.

—¿Por qué no vienes con nosotros?

—Porque me gustaría visitar las universidades allá. Dicen que los protestantes pueden estudiar libremente. Bajo la reina Isabel, la fe protestante está floreciendo en esos lugares.

Jerónimo le dio unas palmadas en el hombro.

—Mi amigo Maclovio, el próximo gran erudito español.

Se rieron.

—Te voy a echar de menos, querido amigo Jerónimo. Ha sido una aventura interesante.

—Sí. Y no ha terminado. No lo creo.

—Tampoco yo. Dudo mucho que fray Domingo esté listo para darse por vencido. Más bien, debe estar pensando redoblar sus esfuerzos para atraparnos.

—Con todos tomando diferentes caminos, será más difícil para él.

Finalmente llegó el hijo de don Joaquín, de nombre Ramón. Era un joven recién salido de la adolescencia, huesudo, con mirada sagaz.

—Es ahora o nunca —dijo el joven—. La salida del estanque está sin vigilar. Es la única. Y cuando salga el sol, será difícil salir de aquí.

—No perdamos más tiempo, entonces —dijo fray Sebastián.

Se pusieron todos de pie y comenzaron las despedidas. Despedirse de su amigo Maclovio fue particularmente difícil. No pudo evitar las lágrimas. Mientras le daba un abrazo fuerte, sin saber si esa sería la última vez que lo vería, sin saber si este sería el último abrazo que le daría a su amigo, no pudo evitar pensar que le debía su vida a este joven. Por su mente pasaron rápidamente algunas de las muchas conversaciones que habían tenido, las risas, el tiempo compartido...

—Si no nos vemos de nuevo en esta vida —dijo Maclovio—, nos vemos en el reino celestial.

Hechas las despedidas, y con el corazón bombeando con fuerza, salieron subrepticiamente, ocultos por una nube cargada de lluvia que, en la providencia de Dios, enmascaraba la luminosa faz de la luna. Salieron solo Jerónimo, Sebastián, Agustín y el joven Ramón. Antes de que se fueran, el hermano Joaquín les dio un par de bolsones con provisiones para el camino, y dos navajas pequeñas, las cuales se podían esconder en el cinto.

—Espero que no las necesiten —les dijo.

Sebastián tomó una, Jerónimo la otra.

Ya afuera, un relámpago brevemente iluminó el cielo, seguido por un estruendo.

—Apresurémonos —dijo fray Agustín, quien se aferraba a su bastón—. Lloverá en cualquier momento.

Ese momento llegó poco tiempo después. La tromba descendió con fuerza. Jerónimo se puso el capuchón, pero las gotas le pegaban de frente, heladas, lo que dificultaba el ver y, por lo tanto, el caminar. Sin embargo, sabía que la lluvia jugaba a su favor. Porque si bien les dificultaba a ellos andar, lo mismo sería para el inquisidor, o para los guardias que seguramente vigilaban los distintos puntos de la ciudad.

Puesto que evidentemente las salidas principales estarían resguardadas, el joven Ramón los guiaba por otra salida. Por el estanque, había dicho.

En el cielo comenzó un concierto de luces y fragores. A Jerónimo nunca le incomodaban las tormentas. Todo lo contrario. Imaginaba que era un despliegue de la voz poderosa de Dios, recordándole al mundo su pequeñez por un lado y la grandeza de Dios por el otro. Una cosa, sin embargo, era escuchar una tormenta desde un lugar seguro. Otra muy diferente era estar en medio de ella.

Se habían movido por las calles empedradas del pueblo, caminando cerca de las casas para ocultarse rápidamente si veían a algún soldado acercarse. Llegaron, entonces, a las ruinas de un estanque. Evidentemente no se había usado por mucho tiempo. Pero estaban cerca de la muralla exterior. En ese punto, la pared tenía un derrumbe. Las piedras se habían desplomado por sí mismas, por el tiempo, seguramente, y no habían sido reparadas. Aunque el derrumbe no era total, podrían escalar las piedras y salir por el otro lado.

—Que Dios los acompañe —les dijo el joven Ramón.

Quadraginta octo

Fray Domingo no tenía hambre. Acababa de amanecer, pero afuera todo estaba oscuro por la tormenta. Se había quedado solo. Por lo menos, prácticamente. Cuando el abad lo corrió del monasterio, tuvo que mudarse a un mesón enfrente de la prisión.

Con él vinieron solo dos personas, Bernardo, y el sargento de su unidad, el único que quedaba, el único que no estaba muerto o escondido en algún lugar.

Ahora se encontraba en la sala común del mesón, sentado a la mesa, esperando a que alguien saliera a preparar el almuerzo. Pero no salía nadie. Estaba solo, solo con sus pensamientos.

Unos pasos se acercaban. Era Bernardo, quien se quedó de pie frente a su mesa, indeciso sobre qué hacer.

—Siéntate.

—Claro, tío, lo que vuestra merced diga —le respondió al obedecer.

Después de un largo silencio incómodo, el joven habló.

—Y... ¿qué vamos a hacer?

Fray Domingo levantó la mirada. Bernardo bajó la vista.

—¿Hacer? ¿Qué piensas que debemos hacer?

—¡Perseguirlos! ¡Perseguirlos por todo el reino hasta encontrarlos!

—¡Oh, oh, un sabio entre nosotros! ¡Qué extraordinaria idea! ¿Cómo no se me ocurrió antes? ¡Muy bien, salgamos! ¡Toma tu caballo, adelántate!

Bernardo se quedó como una estatua, con los ojos abiertos, una mueca extraña en el rostro.

—¿Qué? ¿Qué estás esperando?

—No sé... no sabría... ¿adónde voy?

—¡Exacto, cabeza hueca! —explotó—. ¿Qué crees, que estoy aquí disfrutando de un tiempo de descanso? ¿Que soy un perro que necesita lamerse sus heridas?

—Yo no... tío, yo...

—No podemos solamente salir a dar vueltas por el pueblo. Sería una pérdida de tiempo. Más con esa tormenta infernal afuera. Necesitamos esperar a recibir inteligencia. Alguien los verá. Alguien escuchará algo. Alguien dirá algo. Y entonces, los atraparemos.

—¿Pero si huyen?

—¿Te estás escuchando hablar, sobrino? ¡Por supuesto que van a salir huyendo! Pero los atraparemos. Si vas a estar conmigo, si te conviertes en mi secretario, si algún día serás un inquisidor, mejor que pongas mucha atención.

—Sí, tío.

—Y será mejor que dejes de lado las preguntas tontas y comiences a pensar. Tienes que razonar como un sabueso. Estos herejes son más astutos de lo que yo pensaba. Me han tomado por sorpresa. Y eso no sucede a menudo.

—Seré su aprendiz, tío. Mejor que fray Junio.

Fray Domingo golpeó la mesa:

—¡No hables de fray Junio! No hables de Rómulo. No quiero volver a escucharte hablar de ellos.

«Tengo que calmarme», pensó. «La culpa no es de este joven. La culpa es mía. Solo me estoy descargando con él». Pero no se iba a disculpar. No. Ni siquiera recordaba la última vez que se había disculpado con alguien. No era el tipo de persona que pedía perdón. Los herejes pedían perdón. Los plebeyos pedían perdón. Él no. Él *otorgaba* el perdón de Dios. Él era el brazo de Dios en la tierra, él era la espada del Espíritu, él era quien forzaba a los paganos a entrar al reino.

De nuevo se escucharon unos pasos, y esta vez estaba seguro de que sería la mujer del posadero, lista para preparar algo de comida.

—Maldición —dijo al ver que era el sargento.

A diferencia de su sobrino, el sargento se quedó de pie en una esquina, cerca de la puerta, montando guardia. Alguien tocó a la puerta del mesón, fuerte.

Fray Domingo quitó el barrote que aseguraba la puerta, y la abrió. Era el alguacil, quien entró, escurriendo agua.

—¿Hay noticias, alguacil?

—Hay noticias.

—Pues, hombre, ¿qué esperas?

El alguacil no parecía tener mucha prisa. Se dirigió a la pared en donde estaban los dardos y el tablero, tomó tres de ellos, y dio unos cuantos pasos hacia atrás.

—Aparentemente salieron por el este del pueblo. Una parte de la muralla está derrumbada, y aprovecharon para escapar por allí.

Lanzó el primer dardo. Dio en el blanco.

—Eso no nos dice necesariamente hacia dónde se dirigieron —dijo fray Domingo.

—Eso no, cierto. Pero puse un vigía en el camino a Murcia. Aunque no está seguro de que sean ellos, vio a tres personas a pie caminando hacia allá.

—¿En medio de esta tormenta? ¡Son ellos! —exclamó levantándose.

Lanzó el segundo dardo. Dio apenas un poco a la derecha del primero.

—No me sorprende que vayan hacia Murcia —continuó el inquisidor—. He oído de rumores sobre una pequeña secta protestante allí. Pero no creo que ese sea su destino final. No un lugar tan cerca. ¿Adónde podrían dirigirse?

El alguacil lanzó el tercer dardo, el cual se insertó también en el blanco, desplazando un poco el primero.

Fray Domingo arqueó las cejas al ver la puntería del hombre.

—Buen tiro —le dijo.

—¿Valencia? —musitó alguien.

Era el sargento. Se había olvidado de su presencia.

—¿Cómo dice? —le preguntó.

—Valencia, mi señor. Recuerdo que el cocinero, cuando lo interrogábamos, mencionó a Valencia. Sobre un grupo luterano allí.

—¿Valencia? Sí, tiene sentido. Es un puerto. Probablemente van a salir de allí. Van a escapar de España.

—Hay que cortarles el paso —aventuró Bernardo.

—Así es —luego, al alguacil—: ¿Dices que van a pie?

—Van a pie.

—Perfecto. Iremos a caballo. Podremos encontrarlos en el camino, o los atraparemos en Murcia.

—Podríamos tomar un carruaje —dijo el alguacil.

—No, eso solamente nos detendrá. Iremos a caballo.

—¿Con esta tormenta? —preguntó Bernardo.

—¿Qué? ¿Te acobardas ahora, sobrino?

—No, tío, de ninguna manera. Pero un relámpago podría, eh, podría partirnos en dos.

—Hay más posibilidades de que yo te parta en dos a que lo haga un relámpago. Alguacil, ¿con cuánta gente contamos?

—Conmigo, por supuesto, mi señor.

—¿Y con cuántos más?

—Mi señor, debe entender que no puedo sacar a mis hombres del pueblo. De por sí ya somos pocos. Para retirar a un par de mis hombres en una persecución a otras ciudades necesitaría escribir una carta y recibir el permiso explícito del alcalde.

Fray Domingo hizo un gesto despectivo.

—¡Bah! Ese hombre nos otorgará el permiso cuando los herejes vayan a medio camino por el Mediterráneo. ¡Vámonos de una vez! Si nos damos prisa, llegaremos en cuatro días.

Quadraginta novem

La primera noche, terrible, la pasaron escondidos dentro de un granero a las afueras de un pequeño pueblo. Jerónimo estaba seguro de que se enfermaría. Todo el camino llovió. Él estaba empapado, sentía, hasta el alma. Además, el camino lodoso entorpeció su andar.

El granero en el que entraron estaba abandonado. Así que se tomaron la libertad de encender un fuego, sabiendo que las posibilidades de que los encontraran allí, a esa hora de la noche, y con tan tremenda tormenta, eran bajas.

Se quitaron la ropa, excepto los calzoncillos, y la pusieran cerca del fuego para secarla.

El hermano Joaquín les había dado provisiones como para unos seis días de camino, si racionaban bien la comida. Pan, diversas nueces, frutos secos, carne seca. De todas maneras, comprarían provisiones en Murcia.

Le dolían los pies. Mientras se hacía un masaje en la planta de ellos, Jerónimo dijo:

—¿Creen que nos estarán persiguiendo?

—Indudablemente, hijo —respondió fray Agustín—. Ese hombre sabe que si no nos atrapa, le hemos arruinado los prospectos de ascender en posición. Por eso debemos seguir con un ojo hacia adelante, y un ojo hacia atrás.

Jerónimo estaba sorprendido por la fortaleza del viejo monje. Sin poder ver bien, y caminando con su bastón, no se había quejado ni una sola vez en el camino. De hecho, parecía tener más vigor que ellos.

Aunque se encontraron con poca gente en el camino, varias veces se escondieron a prisa en el bosque, y en una ocasión detrás de un carromato medio enterrado en el suelo y sin tres ruedas, cuando vieron a personas aproximándose. Sin embargo, hasta ahora, no habían visto pasar al inquisidor.

—Me pregunto qué habrá sido de fray Ramon —dijo Jerónimo con la mirada perdida.

—Debemos pedir a Dios por él, para que no se pierda —dijo fray Agustín—. Que no regrese a la esclavitud espiritual.

—Cuando lleguemos a Murcia —dijo fray Sebastián—, enviaré un mensaje de regreso a El Prado, para que me actualicen sobre los hermanos.

—Espero que estén todos bien —dijo Jerónimo.

—Lo estarán —respondió Sebastián—. Esa es mi oración, esa es mi esperanza. Si fray Domingo nos está persiguiendo, los dejará en paz. Por lo menos por ahora.

Durmieron allí. Jerónimo pasó una noche incómoda, pero logró descansar. A la mañana siguiente, aunque no llovía con la misma fuerza, persistía una llovizna ligera.

Ya sin relámpagos y truenos, se encontraron con más personas por el camino, no muchas, de todas maneras. La mayoría iba a pie o a caballo. Pasaron algunos pueblos pequeños, algunos con apenas cinco o seis casas. En una que tenía la calle principal empedrada rellenaron sus cantimploras de agua.

La tercera noche encontraron una cabaña abandonada, escondida entre árboles y maleza. Por dentro estaba bastante sucia, pero no les importó. Estaban exhaustos. Encendieron, de nuevo, un fuego, aunque esta vez fuera, por detrás de la casa, para que no se viera desde el camino (aunque los árboles los escondían bien). Había dejado de llover.

Comieron de buena gana, incluso un pollo que compraron en el último pueblo y asaron al fuego. Fray Sebastián se retiró a dormir primero. Jerónimo se quedó con fray Agustín, conversando de esto y aquello.

—Y cuando lleguemos a Ginebra, ¿qué hará vuestra merced don Agustín?

—Tengo una gran ilusión de escuchar a Beza. Me dicen que es excelente teólogo y maestro. Quizá no a la altura de Calvino, pero cerca.

—¿Tiene pensado quedarse en Ginebra?

Fray Agustín se encogió de hombros.

—Sí, pienso que sí. Pero no estoy seguro. Quizá sea lo mejor para un viejo como yo. No sé cuánto más tiempo tiene el buen Dios reservado para mí, pero dudo que me quede mucho tiempo de peregrinaje en esta tierra. Comienzo a sentirme cansado. Comienzo a sentir la añoranza por el mundo que sigue.

A su alrededor, los grillos entonaban una rítmica canción, que subía y bajaba en intensidad.

—¿Y vos, hijo? ¿Qué harás?

—Pienso quedarme en Ginebra un tiempo. Pero no estoy convencido de que mi lugar sea allí. Me gustaría visitar

Inglaterra. Maclovio me dijo que estaría allí. Pero no descarto regresar a España.

Fray Agustín asintió.

—Si tuviera más fuerza, regresaría también. Hay tanta gente, tanta necesidad, tantas personas en tinieblas. Dios tenga misericordia de nuestro pueblo y les abra los ojos a la luz del evangelio.

Jerónimo iba a comentar algo al respecto, pero en lugar de eso dijo:

—Vaya, los grillos dejaron de cantar.

Fray Agustín inmediatamente se tensó.

—Eso no... no me gusta.

Jerónimo pudo entonces sentir una presencia. Estaba por sacar su navaja cuando, de las sombras, aparecieron varias figuras. Al principio no pudo ver sus caras, pues estaban ocultas bajo el capuchón. Lo que sí pudo ver fue el reflejo naranja del fuego en una hoja de sus espadas.

Quinquaginta

Jerónimo se estremeció al ver el semblante de fray Domingo. El inquisidor emergió de las sombras, y cuando la luz de la fogata le iluminó la cara, Jerónimo imaginó que veía una víbora. Por un momento pensó que de sus labios saldría una lengua larga y bífida.

Junto al inquisidor estaban Bernardo y un soldado. Los tres blandiendo espadas.

—Bienvenido a nuestro campamento —le dijo fray Agustín sin rastro de temor en su voz—. ¿Gusta algo de comer? Todavía nos queda un poco de pollo.

Fray Domingo enseñó los dientes con una sonrisa amplia.

—Gracias por su amabilidad, fray Agustín. Ahora que lo pienso, sí, tengo un poco de hambre.

Se acercó a la fogata, en donde un pedazo de pollo se rostizaba entre dos horquillas, tomó la vara y le arrancó un pedazo al pollo con los dientes. Lo masticó con fuerza y levantó las cejas.

—Nada mal, nada mal —miró a sus dos compañeros, quienes permanecían un par de pasos detrás de él—. ¿Vosotros, gustan?

Ambos dijeron que no con la cabeza. Al igual que el inquisidor, Bernardo y el soldado los miraban atentamente, como esperando a que intentaran correr.

El inquisidor envainó su espada. Tomó una piedra grande que estaba allí cerca y la puso frente al fuego, cerca de ellos. Se sentó.

—Vaya tiempo que escogieron para huir. ¿En medio de una tormenta? Muy incómodo. Supongo que más para vosotros, en especial para vos, fray Agustín. No me puedo imaginar lo que debió ser considerando que le faltan los dos ojos.

Fray Agustín no respondió.

—Solo puedo imaginar, también, la decepción que pueden estar sintiendo. Sobre todo vos, hijo —le dijo a Jerónimo—. Tu semblante de pánico te traiciona.

Jerónimo solo se lamió los labios, pero pronunció palabra.

—Estarán pensando en la posibilidad de escaparse. Y sin duda, lo pueden intentar. Fray Jerónimo, quizá llegues lejos, pero daré la instrucción al sargento que si te atrapa, te corte el cuello. En cuanto a vuestra merced, Agustín, no quiero ofenderle, pero dudo de que llegue lejos antes de que mi espada entre por su espalda y salga por su vientre. Pero por si acaso esto no los persuade, si alguno de los dos intenta darse a la fuga, le diré al alguacil, que está dentro junto con fray Sebastián, que le corte el cuello.

—No puede hacer eso —le dijo Jerónimo, con la mandíbula tensa.

El inquisidor lo miró con curiosidad.

—¿Y por qué no, hijo mío?

—Porque eso es una ejecución. Usted no puede ejecutarnos sin que se nos juzgue primero por la ley.

Fray Domingo le dio otra mordida al pollo, masticó lentamente, y se tragó el pedazo.

—Pero estamos aquí solos, fray Jerónimo. ¿Quién va a contradecir mi palabra cuando dé mi versión? «Cuando los capturamos, sacaron las armas, intentaron escabullirse por medio del uso de la fuerza, y no tuvimos otra opción más que acabar con sus vidas».

—Usted sabe que eso es ilegal. ¡Alguien se enterará y usted perderá su posición! —le recriminó Jerónimo.

—¿Y quién me va a contradecir? ¿Bernardo, mi sobrino? ¿El sargento aquí? ¿El alguacil? ¿Quién?

—Nadie tiene pensado escapar, fray Domingo —dijo fray Agustín—. Nos ha capturado. Perfecto. ¿Qué sigue?

Fray Domingo sonrío, mostrando un pedazo de comida atorado entre su incisivo lateral izquierdo y el canino de arriba. Sacó su lengua serpentina, se encontró el pedazo enganchado de comida, hizo un chasquido con los dientes, y escupió.

—¡Así me gusta! —el inquisidor se puso de pie—. Por favor, síganme adentro de la casa.

No tuvieron más remedio que obedecer.

Adentro, espada en mano, el alguacil vigilaba a fray Sebastián, quien tenía el labio inferior ensangrentado.

Quinquaginta unus

A lo lejos, un trueno, distante, fuerte.

—Parece que la lluvia no se fue lejos —dijo fray Agustín en voz baja—. Eso suena a una tormenta. *Huele* a una tormenta.

—Sí, eso parece —le respondió fray Sebastián, igual con voz baja—. Comenzará pronto.

Los pusieron en una esquina a los tres, lejos de las puertas y las ventanas. No estaban atados, pero sus captores tenían las espadas en la mano, excepto el inquisidor.

Los cuatro permanecían de pie alrededor de una mesa vieja, discutiendo qué hacer.

—Tenemos que regresar a El Prado, tío. Cuanto antes. Allí podremos reanudar la hoguera.

—¿Acaso no escuchas la tormenta que se avecina? —dijo el alguacil, apuntando por la ventana—. Pronto tendremos otro diluvio. Y solo tenemos cuatro caballos.

—¡Ellos pueden ir a pie! —respondió Bernardo, mirándolos de soslayo.

—Por supuesto que pueden ir a pie, pero no llegaremos lejos en medio de una tormenta.

El inquisidor se frotaba la barbilla.

—¿Qué es lo que recomienda, entonces, alguacil?

—Vayamos a Murcia. Allí llegaremos con el alguacil del pueblo. Yo lo conozco. Él nos prestará un carruaje en donde podamos llevar a nuestros prisioneros atrás, y nosotros ir bajo techo.

—Sí. Parece una buena idea. Pero ¿ir a Murcia...? Es en dirección opuesta.

—Pero estaremos huyendo de la tormenta. Si salimos ahora, llegaremos de madrugada —dijo el alguacil—. Con Dios de nuestro lado, podremos ganarle a la tormenta. Nos refugiamos, si es necesario, y luego emprendemos el camino de regreso.

—La otra opción —dijo el inquisidor dirigiéndose al alguacil—, es que vayas a Murcia y regreses con el carromato. Y nosotros te esperamos aquí.

El alguacil vaciló.

—También es buena opción, mi señor. Sin embargo, no sabemos lo fuerte que será esa tormenta. Quizá no pueda regresar inmediatamente. Quizá tengan que quedarse aquí un tiempo. Además... —miró a los prisioneros—, en este momento tenemos ventaja numérica. Si yo me retiro...

—¡Bah! —respondió el inquisidor—. Estos tres no pueden hacer nada. No creo que se atrevan a intentar algo en contra nuestra —dijo pero Jerónimo alcanzó a escuchar una leve fluctuación en su voz, como si no estuviera completamente convencido.

—Como vuestra merced guste, excelencia. Yo puedo hacerlo. Ir a Murcia. Regresar en cuanto pueda.

Fray Domingo se quedó pensativo.

«Sí, que se vaya el alguacil», pensó Jerónimo. Era cierto; intentar algo en contra de sus apresadores sería bastante riesgoso. Pero no imposible. Habían cometido el error de no registrarlos, y tanto él como fray Sebastián llevaban una navaja escondida en el cinturón. La noche traería su cansancio, y solo bastaba que se distrajeran lo suficiente o, quién sabe, que se quedaran dormidos, y podrían librarse de ellos. Un error. Un error es lo que necesitaban.

—No —dijo finalmente el inquisidor—. Mejor vamos todos, ya. De esa manera, le ganaremos a la tormenta, y regresaremos a El Prado en carruaje. Será más sencillo.

—¿Salir ahora? —dijo fray Bernardo—. ¿En medio de la noche?

—¿Algún problema, muchacho? —dijo el alguacil, con una sonrisa cínica.

—Dicen que estas partes del bosque están embrujadas.

—No hagas caso a supersticiones tontas, sobrino. ¡Salgamos de aquí!

Poco tiempo después comenzaron la travesía. Al frente iba fray Domingo, en su caballo. Después de él, Bernardo. Luego iban ellos tres, a pie, con el alguacil y el sargento cubriendo la retaguardia, ambos también a caballo.

Jerónimo no podía creer que saldrían de noche y, a juzgar por los truenos y las nubes negras que se acercaban, con una tormenta pisándole los talones.

Tenía sueño. Estaba cansado. Le dolían los pies. Pero nada podía hacer más que dar un paso, luego otro, seguido por otro, y esperar que no se quedara dormido y cayera en el camino.

Una hora después seguían caminando, pero se dispersaron un poco. Seguían el mismo orden de formación, pero el inquisidor iba bastante adelante, y el sargento cabalgaba a un tiro de piedra. De todas maneras, escaparse sería casi imposible, puesto que ellos iban a pie y sus enemigos a caballo.

Jerónimo aprovechó para adelantarse un poco y emparejarse a fray Bernardo.

—Regresa a tu posición, Jerónimo—le dijo, a secas.

—Quiero hablar contigo.

—No tenemos nada que hablar.

—¿Por qué, Bernardo?

Fray Bernardo lo volteó a ver.

—¿Por qué *qué?*

—¿Por qué me traicionaste? Éramos amigos. Por lo menos, eso pensé.

—¿Amigos? ¡Éramos hermanos! Y seguiríamos siendo hermanos si no hubieras traicionado a la fe católica. No soy yo el que te traicionó *a ti*, eres vos el que me ha traicionado *a mí*, y a todos nuestros hermanos del monasterio. Todos rezan por tu alma, para que no se pudra en el infierno. Tanto vos como Maclovio me rompieron el corazón.

—¿Cuándo te enteraste de Maclovio?

—Demasiado tarde. Debí haberlo sospechado, pero fue astuto. Más astuto que yo. Incluso que vos.

—Estoy de acuerdo. Y nunca lo encontrarás.

Bernardo resopló, como un intento de reírse.

—No estés tan seguro, Jerónimo. Como te habrás dado cuenta, escapar de la Inquisición es más difícil de lo que se piensa.

—Para cuando intentes ir tras él, ya estará lejos.

—La Inquisición está en todos lados. Incluso en los países protestantes. Allí os dirigíais vosotros, ¿no? ¿A un país protestante? ¿A un país lleno de herejes?

No le contestó esa pregunta. En lugar de eso:

—¿Y si estás equivocado?

—¿Sobre qué? ¿Sobre esto? ¿Sobre nuestra fe?

—Sí.

—¿Te estás escuchando, Jerónimo? ¿Después de todo lo que se nos ha enseñado? ¿Cómo puedes decir algo así, cómo puedes pensar algo así? Lo único que se me ocurre es que ese bibliotecario te ha hechizado. Sí, ambos, fray Sebastián y fray Agustín, deben ser brujos. Es la única explicación posible.

—Hay otra explicación posible, amigo.

—No me llames así.

—La otra explicación es... que tenemos la verdad.

—Imposible.

—Pero no lo es, Bernardo. No es imposible. La verdad toda está allí, en el Libro Sagrado. Nada de lo que decimos está fuera de allí.

—No, son interpretaciones erróneas. El monje Lutero no fue más que un borracho que buscó notoriedad. Lo mismo que el francés.

—¿Has leído lo que dice? ¿Me vas a decir que no tiene sentido?

—Leí sus 95 tesis.

—¿Y?

—¿Y? —evidentemente Bernardo no disfrutaba la conversación. Tenía una mueca en la cara de insatisfacción.

—¿Qué pensaste sobre ellas?

—Como en todo, hay verdad y hay mentira. Ciertamente se ha abusado de las indulgencias. Pero eso no quiere decir que las indulgencias sean malas.

—¿Están en las Escrituras?

Bernardo vaciló.

—Están en la tradición.

—¿Se ha equivocado la tradición alguna vez?

Bernardo iba a responder algo, pero guardó silencio. Agitó las riendas y, con un *¡jia!,* se alejó.

Fray Agustín se le emparejó a Jerónimo.

—Bien hecho, muchacho. Tenemos que aprovechar todo el tiempo para evangelizar.

—No estoy seguro de que haya ayudado en algo.

Fray Agustín se encogió de hombros.

—No lo puedes saber. Pero has puesto un granito de duda en su mente. Quién sabe si eso lo llevará a cuestionarse algunas cosas.

—Quiera Dios que así sea.

Poco tiempo después, escucharon el rugir de la lluvia que se acercaba, y sintieron el arreciar del aire. Pronto, el agua descendió sobre ellos con fuerza.

Siguieron caminando. Los pies comenzaban a temblarles, necesitaban descansar, aunque fuera un poco. El tiempo pasaba lento.

Y cuando sintieron que no podían más, estaban a punto de dejarse caer al piso, aunque eso significará que los mataran, escucharon un grito:

—¡Pueblo a la vista!

Quinquaginta duo

Para cuando entraron al pueblo, la visibilidad era casi nula. Los relámpagos iluminaban el cielo y los truenos retumbaban con tal fuerza que Jerónimo no pudo evitar sentir un poco de temor.

No, no le temía a las tormentas. Pero con esta, parecía como si Dios estuviera enojado. Se refugiaron bajo un techo de piedra a la entrada del pueblo.

—Necesitamos encontrar un mesón pronto —gritó el inquisidor.

—Síganme —dijo el alguacil—. Hay uno por aquí cerca.

Efectivamente. Llegaron a *La herradura del albino*. Puesto que era de madrugada, estaba cerrado. El alguacil golpeó la puerta con fuerza durante mucho tiempo.

—Debe estar vacía —dijo Bernardo, impaciente.

—No puede estarlo —respondió el alguacil—. Es difícil escuchar con esta tormenta. Deben estar...

La puerta se abrió. Un hombre de nariz picuda y ojos somnolientos se asomó.

—En el nombre de la virgen, ¿por qué tanto alboroto?

El inquisidor se puso frente al hombre.

—Mi nombre es fray Domingo, inquisidor del Santo Oficio. Necesitamos un lugar para albergarnos, tanto nosotros como nuestros caballos.

—¿A esta hora de la noche? —refunfuñó—. Entren, pues.

Estaba todo oscuro adentro, excepto por lo que iluminaba la lámpara que llevaba el posadero en mano. El hombre le gritó a un tal Manuel, y de las sombras emergió el mozo de cuadra con ojos dormidos quien, al verlos, se asustó.

—Encárgate de sus caballos, Manuel.

—¿Eh?

—¡Que te encargues de sus caballos! ¡Están afuera!

El mozo inmediatamente obedeció.

—Estos tres hombres —dijo el inquisidor— son prisioneros míos. Necesito ponerlos en un cuarto sin ventanas.

—No es problema —respondió el posadero.

—Necesitaremos dos cuartos más. Uno para mí, y el otro para ellos —apuntó al alguacil, Bernardo y el sargento—. Pasaremos aquí la noche y, de ser posible, saldremos mañana.

—Claro que sí, mi señor —dijo el hombre, con las manos juntas e inclinándose un poco—. Por un precio justo tendré todo listo para vuestra merced en un abrir y cerrar de ojos.

El inquisidor le puso unas monedas en la mano.

—Esto debe ser suficiente.

El posadero miró rápidamente las monedas, y asintió con una sonrisa. Les encendió una lámpara, se retiró y, un cuarto de hora después, Jerónimo, fray Sebastián y fray Agustín estaban dentro de un pequeñísimo cuarto con una sola cama y una letrina en la esquina, con el sargento vigilando su puerta del otro lado.

Dejaron que fray Agustín usara la cama, y tanto él como fray Sebastián durmieron en el piso de madera, duro, incómodo. De todas formas, casi inmediatamente recostó la cabeza en el suelo y se quedó dormido.

Despertó algunas horas después. Debía ser ya de mañana, pero no tenía manera de verificarlo puesto que era un cuarto sin ventanas. Pero el rugir de la tormenta se escuchaba claramente. Parecía que en lugar de disminuir, arreciaba.

Tiempo después se abrió la puerta, y el sargento les puso en el suelo tres platos. El alguacil, detrás de él, les dijo:

—No podremos salir hoy. Nos quedaremos aquí, resguardados, hasta que la lluvia baje un poco. Entonces saldremos.

Se cerró la puerta. Jerónimo se sentía contento de no tener que salir, pues seguía exhausto. Todo su cuerpo le pedía dormir de nuevo, y es exactamente lo que haría después de comer. Examinó lo que les dejaron, un caldo que apenas y tenía unas cuantas verduras pero, por lo menos, estaba caliente. No les dieron nada para beber; el caldo contaba como comida y bebida.

Los tres comieron de buena gana, sin decir mucho. Estaban exhaustos. Jerónimo se acostó de nuevo y se quedó dormido. Se despertó cuando la puerta se abrió para dejarles la cena. Al levantarse, gruñó de dolor, le dolían todos los huesos de la espalda.

—Saldremos mañana —les dijo el alguacil.

«Gloria Dios», pensó Jerónimo. «Por lo menos no saldremos en la noche».

Además, todavía podía escuchar el golpeteo del agua, los truenos y el vendaval. Así que se quedó dormido de nuevo. Pero no pudo dormir bien, se despertaba por el dolor de los huesos, por el tronar del cielo. Vagamente recordaba escuchar la voz del alguacil del otro lado de la puerta, ¿quizá la voz de fray Sebastián, también, musitando en sus sueños? En dos ocasiones despertó con un grito en la garganta, solo para recordar que había soñado con la hoguera.

Luego debió descansar bastante bien porque, cuando abrió los ojos, se sentía mucho mejor. Descansado. Casi rejuvenecido.

Fray Sebastián y fray Agustín dormían. Él se puso de pie, por primera vez examinando bien el cuarto, su prisión. Con la ayuda de Dios, una tabla podría estar algo suelta, lo suficiente como para abrir un boquete y escapar.

Pero no. Nada. La única manera de escapar era por la puerta. Se acercó a ella y examinó el pomo. Era viejo y oxidado, pero para poder abrirlo sin una llave tendrían que derribar la puerta. Eso no sería nada sencillo. Probablemente no lo lograrían en el primer intento. Eso despertaría a todo el mesón, o por lo menos al inquisidor y sus secuaces, de manera que para cuando la abrieran, tendrían cuatro espadas esperándolos. No había escapatoria.

No por ahora, por lo menos. ¿Pero después? Sí, tendrían que intentarlo. De algo estaba seguro Jerónimo: no se permitiría regresar al pueblo de El Prado sin intentar escaparse. Y si moría en el intento, que así fuera. Cualquier cosa era mejor que morir quemado. No tenía la intención de que sus pesadillas se volvieran realidad.

En ese momento, la puerta se abrió.

—Levántense, herejes. Nos marchamos —dijo el sargento.

Quinquaginta tres

Cuando llegaron a la estancia, fray Domingo, fray Bernardo y el alguacil comían sentados en una mesa. A Jerónimo y compañía no les dieron desayuno, y por lo visto, no tenían pensado ofrecerles nada.

El inquisidor levantó la voz para que lo escuchara el posadero, quien estaba al otro lado de la puerta, probablemente en la cocina.

—Traigan un poco de agua para estos miserables.

Poco tiempo después, salió una mujer bajita, despeinada y de nariz redonda con tres vasos de latón llenos a la mitad con lo que parecía ser agua algo sucia. De todas maneras, los tres se la tomaron.

El inquisidor se puso de pie, y los otros dos lo imitaron. Caminó hacia ellos.

—Iremos hacia la prisión, en donde nos espera el alguacil de este pueblo. Allí nos prestaron un carro y algunos caballos para regresar. No quiero que intenten nada en el camino. Les recuerdo que no tengo problema con cortarles el cuello. ¿Está claro?

Solo lo miraron, sin responder, sin asentir.

—Alguacil —continuó el inquisidor—, tiene mi permiso para matarlos si intentan escaparse.

—Entiendo, padre.

Salieron. El joven mozo ya tenía los caballos listos. Aunque ya no llovía, el cielo estaba nublado, y era muy de mañana. Poca gente en las calles. Una brisa fresca y placentera recorría el callejón.

—El lugar está aquí cerca, pero pasaremos por algunas calles angostas. Recomiendo ir a pie —dijo el alguacil.

—A pie iremos, entonces —respondió el inquisidor.

Se pusieron en marcha, con el alguacil al frente, seguido por el sargento, luego los tres prisioneros, luego el inquisidor con Bernardo, quienes llevaban los caballos sujetos por las riendas.

Jerónimo se acercó a fray Sebastián y murmuró:

—¿Y ahora? ¿Qué sigue?

—Esperar, muchacho, esperar —le respondió, rígido.

—Tenemos que intentar algo.

—No, tenemos que esperar primero. ¿Tienes tu navaja?

—¡Sí!

—Bien.

Siguieron caminando, dando vuelta a la izquierda, luego dos derechas. Llegaron a un puente de piedra de tamaño mediano que cruzaba un río. No era un río grande, pero llevaba bastante agua por la tormenta.

Cuando entraron al puente, Jerónimo pudo sentir que tanto Sebastián como Agustín se tensaron un poco. Los miró, tenían un semblante extraño, como de completa concentración. A la mitad del puente, sucedió algo que lo tomó por sorpresa. El alguacil se detuvo, caminó hacia el borde del puente, y miró hacia abajo.

—Eso parece... ¿qué es eso? —dijo.

El sargento se acercó para mirar también, y cuando se asomó, el alguacil puso una mano sobre su cuello, sujetándolo con firmeza, con la otra lo tomó por el faldón a la altura de la sentadera, y con un movimiento rápido, lo lanzó hacia abajo.

Jerónimo se quedó petrificado esos segundos en los que el sargento pegó un grito mientras caía, seguido por el ruido al caer al río.

Jacinto el alguacil desenvainó su espada, los miró a los tres, y gritó:

—¡*Corran!*

Quinquaginta quattuor

«¡No sé nadar!», se escuchó gritar al sargento, abajo, mientras el río se lo llevaba.

Jerónimo seguía completamente inmóvil. Era como si su cuerpo no le respondiera. No entendía lo que estaba sucediendo. Por su mente pasó aquella historia de la mujer de Lot, quien al mirar atrás para ver la destrucción de Sodoma y Gomorra, se convirtió en una estatua de sal. Así se sentía en ese momento. El tiempo parecía haberse detenido.

Pudo ver claramente el rostro del alguacil, quien todavía gritaba la última sílaba de la palabra *corran,* con la cara roja y contorsionada por el grito, una vena que amenazaba explotarle la frente, y el vapor de su exhalación brotándole de la boca abierta.

Lo que lo sacó del trance fue cuando sus dos amigos comenzaron a correr hacia el alguacil, alejándose del inquisidor y Bernardo. Y no cualquier correr, corrían a toda velocidad, como si un perro los persiguiera. Y de cierta manera, así era.

No pudo resistirse a echar una mirada hacia atrás. Bernardo tenía los ojos bien abiertos, al igual que la boca. El semblante del inquisidor, por otro lado, ya estaba en la transición de sorpresa a furia, con el principio de una maldición formándose en su boca. Se llevaba su mano a la empuñadura de la espada.

«Si no corres, Jerónimo, morirás», pensó.

Miró de nuevo al frente. Sebastián se había detenido y agitaba la mano.

—¡Rápido, Jerónimo, vamos!

Se puso a correr. Escuchaba su corazón bombeando en los oídos, además de su propio jadeo, que hacía eco dentro de su cabeza, como si se le hubieran tapado los oídos. Alcanzó a sus dos amigos cuando estos estaban por pasar al alguacil, quien les dijo:

—¡Váyanse, yo los detengo!

Jerónimo lanzó otra mirada por encima de su hombro. El inquisidor y Bernardo montaban los caballos. Los atraparían.

❧

Jacinto, el alguacil, era un hombre de acción. Mientras el inquisidor y Bernardo agitaban las riendas, supo que intentarían deshacerse de él primero.

Lo entendía. Él era el eslabón más fuerte. Si le sacaban la vuelta, lo único que sucedería es que él montaría también uno de los caballos y los perseguiría hasta darles alcance. Así que tenían que deshacerse de él primero.

«Si es que pueden», pensó.

El joven monje apenas sabía sujetar la espada. Por él no estaba preocupado. No quería herirlo, menos matarlo, pero si tenía que hacerlo, lo haría. La dificultad sería con el inquisidor, y no porque fuera mejor que él con la espada, sino porque estaba a caballo. Y el caballo era también un arma, si se usaba con inteligencia.

Sus dos enemigos comenzaron el galope hacia él. No pudo evitar pensar en ese momento, fugazmente, en su hijo de apenas un año. Tenía que salir de esta, por él. Ya decía «papá». Aunque sonaba como «ta-tá». Vio la sonrisa de su hijo, escuchó su carcajeo cuando le hacía cosquillas en su pancita. Quería oír eso de nuevo. Quería vivir eso de nuevo.

Mantener su fe protestante escondida durante los últimos dos años no fue sencillo. Era uno de los secretos mejor guardados en todo el pueblo. Solamente fray Sebastián lo sabía, además de otros dos hermanos, y recientemente fray Agustín.

Era él, Jacinto, quien había coordinado el escape de los tres monjes. Se aseguró de que su patrulla de soldados no estuviera demasiado cerca de la emboscada, para que cuando ellos llegaran, el escape estuviera ya efectuado. También coordinó el lugar exacto donde sucedería la emboscada. Se aseguró, además, de que en esta persecución solo viniera él, y ninguno de sus hombres. El sargento que ahora nadaba río abajo era de la guardia del inquisidor, así que no le importaba mucho lo que le sucediera.

La noche pasada, cuando cambió de guardia con el sargento, logró comunicarse con fray Sebastián desde el otro lado de la puerta. El mensaje fue sencillo: «Cuando crucemos el puente, esperen mi señal».

—¡Vas a morir, traidor! —gritó el inquisidor, con la espada apuntándolo, acercándose a todo galope.

El inquisidor intentó arrollarlo. De haberlo logrado, probablemente habría quedado seriamente herido o incapacitado para seguir peleando.

Sin embargo, dio un paso rápido a la derecha. Esta fue una decisión estratégica, por dos razones: primero, no terminaría pisoteado; segundo, el inquisidor llevaba la espada en la mano derecha, lo cual le hacía más difícil defenderse de un ataque por el flanco izquierdo.

Fray Domingo, sorprendido, intentó bloquear el sablazo, pero no fue lo suficientemente rápido. La espada lo hirió a la altura del hombro izquierdo.

Mientras gritaba de dolor, Jacinto atacó al joven monje, Bernardo, quien por pura fortuna logró detener dos ataques a su pecho. El pobre tenía la cara llena de sudor, con ojos desorbitados por el terror, pues sabía perfectamente que las posibilidades de ganarle a un espadachín experimentado eran casi nulas, aunque estuviera a caballo.

Miró a sus espaldas justo a tiempo para percatarse de una embestida feroz del inquisidor, quien con un movimiento horizontal de la espada buscaba degollarlo. Se agachó, y el acero enemigo logró conectar con la parte lateral de su casco que, con un sonido metálico de choque, salió volando y cayó quién sabe dónde.

El golpe lo dejó aturdido. Se desorientó por apenas un momento. El inquisidor, implacable, lo atacaba con un movimiento vertical descendiente de su espada.

¡Tlanc! ¡Tlanc! Evitó el ataque doble y tomó posición de guardia, con la pierna izquierda al frente y la espada en ambas manos.

Fray Domingo buscó echarle de nuevo el caballo encima, pero una vez más logró evitarlo con un desplazamiento rápido hacia la derecha, y de nuevo a la derecha. Aprovechó para contraatacar lanzando su arma como flecha hacia el estómago de su enemigo, pero el ataque fue desviado.

«Debe tener entrenamiento en armas», pensó. Después de todo, muchos monjes venían de familias ricas que podían entrenar a sus hijos en diversas artes, incluyendo la espada.

Ahora tenía al inquisidor frente a él, con el joven monje tratando de atacarlo por detrás. Logró defenderse de los ataques de ambos, pero supo que tenía que hacer algo dramático, inesperado, si quería salir victorioso.

Amaba a los caballos. Verdaderamente, tenía un amor por esos animales. No quería herir a uno, pero tuvo que hacerlo. Con una estocada experta, laceró al caballo que montaba el inquisidor, entre el hombro y la melena. No era una herida mortal, ni siquiera incapacitante. Volvería a cabalgar, sin ningún problema. Pero la lesión fue suficiente para que el caballo, no acostumbrado a una batalla, relinchara, se parara sobre las patas traseras, con las dos del frente golpeando el aire.

El inquisidor cayó de su montadura.

Quinquaginta quinque

Llegaron al final del puente, y escucharon el primer golpe de espada a sus espaldas. Jerónimo gritó:

—¿Y ahora? ¿A dónde?

—¡Al puerto! —respondió fray Sebastián.

El puerto no estaba lejos. Podía verlo a la distancia. Prácticamente tenían que seguir el río a contracorriente, y llegarían.

—En el muelle está el barco en el que podremos escapar —añadió fray Sebastián—. Pienso que todavía estamos a tiempo, apenas a tiempo. Si logramos llegar, nos escaparemos. Pero hay que... ¿fray Agustín, está bien?

Fray Agustín se había detenido. Su bastón estaba en el suelo, y tenía las manos apoyadas sobre sus rodillas. Jadeaba con fuerza.

—Vosotros... —dijo apenas—, vosotros adelántense. Yo solo tengo que recobrar mi aliento.

—¡Debe estar loco si piensa que lo dejaremos aquí! —dijo Jerónimo con la mano en la espalda del hombre.

—Deben estar locos si me esperan.

Sebastián recogió el báculo y se lo entregó a Jerónimo. Luego dijo:

—Hermano Agustín, súbase encima de mí.

—¿Pero de que hablas, muchacho? ¡No voy a tratarte como una mula!

—¡Arriba, dije!

Con eso, Sebastián tomó a fray Agustín y lo cargó a sus espaldas

En el puente la lucha continuaba. Dos contra uno. Aunque no podía ver al inquisidor montado. Jerónimo se preguntó si sería la última vez que vería al alguacil Jacinto.

Corrieron.

❧

Al caer del caballo, fray Domingo se golpeó la cabeza con fuerza en el adoquín. Su vista se le nubló un instante. Sacudió la cabeza, y se puso de pie lo más rápido que pudo.

Se inspeccionó la herida en el hombro. No era profunda, pero sangraba en abundancia. Tendría que vendérsela pronto si no quería comenzar a perder fuerza.

El alguacil se acercaba a él, jadeante, espada en mano.

«No será tan fácil como piensas», se dijo.

Y es que fray Domingo tenía una obsesión por las espadas desde chico. Su padre le enseñó a usar una cuando tenía tan solo seis años. Es verdad, llevaba años sin practicar, puesto que ser inquisidor le demandaba mucho tiempo. Sin embargo, las horas de práctica habían regresado a su mente y a su cuerpo. Se sentía cómodo con el arma.

Bernardo solamente sería un estorbo, así que le gritó:

—¡Ve y persíguelos! Yo me encargo de este.

Bernardo, visiblemente contento con la instrucción, agitó riendas.

—Nunca pensé que ese pequeño y maloliente pueblo tuviera tantas sorpresas para mí —dijo el inquisidor.

El alguacil se detuvo a cuatro pasos de distancia y adoptó posición de guardia.

—Son los pequeños pueblos los que traen grandes sorpresas, ¿no es así? «Mas tú, Beth-lehem Efrata, pequeña para ser en los millares de Judá, de ti me saldrá el que será Señor en Israel».

—No te atrevas a citarme la Escritura a mí, blasfemo.

Se decidió por un ataque con engaño: tres pasos rápidos, una finta de ataque por la derecha, para dar un espadazo horizontal por la izquierda. El alguacil se defendió, aunque sorprendido por la sofisticación del ataque. Otro golpe, uno más, seguido por dos defensas.

—Nunca pensó que un simple inquisidor pudiera darle pelea, ¿eh?

El alguacil no respondió. Comenzaba a jadear con más fuerza, como un toro enojado.

Se lanzó contra su contrincante con movimientos rápidos de la espada que buscaban encontrar el cuello o brazos del enemigo. La defensa fue habilidosa, y respondida con una embestida fuerte de golpes diagonales.

El inquisidor aprovechó un descuido del alguacil para darle una patada en la rodilla. Con un relámpago de dolor subiéndole por el cuerpo, dio varios pasos hacia atrás para hacer distancia y recuperarse. Sí, en una pelea como esta —a muerte— todo valía. Golpes, patadas, mordidas, lo que sea.

El alguacil tenía una ventaja significativa ya que llevaba coraza, aunque era más bien sencilla. Esta le cubría el pecho y la espalda. No llevaba gorjal cubriéndole el cuello, ni hombreras. Así que sus vulnerabilidades estaban en su cabeza, cuello, brazos y de la cintura para abajo.

El alguacil se lanzó de nuevo en su contra. Logró desviar uno, dos, tres golpes y, cuando lo tuvo cerca, hizo su movida. Sabía que no se esperaría eso, pues tenía el brazo izquierdo herido, e intencionalmente lo había dejado de mover para fingir discapacidad. Pero en ese momento, con la mano izquierda, el inquisidor sacó una pequeña navaja de su cinto y se la enterró al alguacil por debajo del peto, en el vientre. El alguacil gritó de dolor.

Fray Domingo le enterró el cuchillo todavía más, y el hombre se desplomó tan rápido que se quedó el arma incrustada en él.

Quinquaginta sex

Llegaron hasta el puerto. Varios barcos flotaban en el muelle. Fray Sebastián, quien dejó de cargar a fray Agustín, miraba a todos lados, con los ojos despavoridos.

—Dios mío, no lo veo. ¿Se habrá ya ido? ¡No lo veo!

—¿Cómo es? ¿Cómo lo reconocemos? —dijo Jerónimo.

—Tiene una bandera azul. Eso me dijo, que tenía una bandera azul.

Pero ninguno de los barcos tenía una bandera azul. La mayoría ni siquiera portaba una bandera en el mástil.

Un caballo se acercaba a ellos, cabalgando. Era Bernardo, que venía solo. ¿Qué significaba eso? ¿Qué había sucedido con el alguacil y el inquisidor? ¿Seguían luchando? ¿Había muerto uno, o ambos?

De repente, Jerónimo vio y apuntó.

—¡Allá! ¡Allá está!

El barco había zarpado ya. Se alejaba del puerto, pero no estaba todavía muy lejos. Lo habían perdido por cuestión de nada.

—¡Ha zarpado! —exclamó Jerónimo. Sintió un dolor en el pecho tan solo al decirlo. Tan cerca habían estado.

—Todavía podemos alcanzarlo —dijo Sebastián—. Busquemos un bote y démosle alcance.

Un bote, un solitario bote, se ondulaba apaciblemente en uno de los muelles, atado a uno de los postes.

—¡Vamos! —fray Sebastián tomó a fray Agustín de la mano y lo guio con fuerza.

Jerónimo estaba por seguirlos cuando llegó Bernardo. Jerónimo se puso a la entrada del muelle para impedir que Bernardo pudiera darles alcance ya sea a caballo o a pie.

—Hasta aquí llegas, Bernardo —le dijo Jerónimo. En la mano derecha blandía la navaja, y en la izquierda, el báculo de fray Agustín. Debía verse bastante ridículo.

Bernardo desmontó. Él llevaba su espada en mano.

—Jerónimo, no quiero hacerlo. Simplemente ríndete.

—¡Nunca!

Hizo algo que no imaginó. Pero salió como por inercia. Se lanzó contra Bernardo. No tenía intención de herirlo, solo detenerlo el tiempo suficiente para que Sebastián y Agustín pudieran escaparse.

Bernardo, en lugar de defender el ataque, atacó también. El golpe entre los aceros fue fuerte, pero el de Bernardo más. Su navaja salió volando. Miró su mano, sorprendido. Allí había estado el arma, y ahora no estaba. Bernardo estaba asombrado, también.

—¡Ah! ¡Eso fue fácil! —dijo, triunfante.

Jerónimo no lo pensó dos veces. Tomó el báculo con ambas manos, y con toda la fuerza que pudo reunir lo giró hacia arriba.

La punta del palo de madera conectó con la quijada de Bernardo. Se escuchó un audible *¡crac!* mientras su cabeza rebotaba sobre su eje, y con los ojos en blanco y la saliva explotando de su boca, cayó al suelo, inconsciente.

Todo a su alrededor quedó en silencio. Como si se hubiera quedado sordo. ¿Lo había matado? ¿Había matado a su amigo? Se inclinó, puso un dedo debajo del cuello... escuchó el bombear de la sangre.

Jerónimo exhaló, aliviado. Pero su alivio duró poco pues, al levantar la vista, el inquisidor venía hacia ellos a todo galope.

«No puede ser», pensó. «No puede ser».

—¡Jerónimo, qué esperas, vamos!

Regresó en sí justo en el momento en que Sebastián saltaba sobre el bote y le tendía la mano a fray Agustín.

—No, el joven primero. ¡Apresúrate, Jerónimo! —dijo fray Agustín.

Jerónimo obedeció. Llegó al borde del muelle.

—Mi báculo, Jerónimo.

Se lo dio a fray Agustín. Saltó.

Pero había un problema. El bote era demasiado pequeño. Apenas y cabían dos personas. Sería imposible llevar tres.

Sintió como si su alma dejara su cuerpo por un momento.

—Fray Agustín —dijo Jerónimo angustiado—, sí cabemos, cabemos los tres, cabemos...

Pero fray Agustín ya había desatado la cuerda, y usó su báculo para empujar la barquilla, alejándola del muelle.

—Agustín, ¿qué hace? —gritó.

—Dios esté con vosotros, hermanos —dijo el viejo monje con una sonrisa triste—. Mi tiempo de peregrinación ha terminado. Dios resplandezca su rostro sobre vosotros, y los bendiga.

—¡No! ¡No podemos! ¿Sebastián...?

La barquilla lentamente se alejaba.

—¡Sebastián! —exclamó fray Agustín—. Sabes que es la única manera. Te lo ordeno. Por el bien de la Reforma en nuestro país. Huyan, por Dios. Huyan. *¡Huyan!*

Fray Sebastián, temblando, tomó los remos.

Quinquaginta septem

El inquisidor desmontó. Vio la escena. La barquilla, alejándose. El viejo hereje, diciendo algo, despidiéndose de ellos, probablemente.

No veía otra barquilla. Y aun si la hubiera, ¿podría darles alcance? No. Empezaba a perder movimiento en su brazo izquierdo. Demasiada sangre. Se sentía débil. Pero más furioso que débil. Caminó por el muelle con decisión. Se detuvo frente al viejo.

—Llegas demasiado tarde —le dijo—. Se han ido. Escaparon. Perdiste.

—El que ha perdido eres vos.

—¿Yo? Yo he vivido mi vida. ¿Cuánto más tiempo me queda? ¿Un año? ¿Cinco años? ¿Y qué puedes quitarme, si ya lo tengo todo?

—Puedo quemarte lentamente. Puedo hacer que mueras con mucho dolor.

—Pues anda, que miedo no tengo —le dijo.

Cuando se acercó, el monje intentó golpearlo con su báculo pero, con un espadazo, mandó el bastón al agua.

Luego, con dificultad y mucho dolor, giró a Agustín con cara al bote que se alejaba, sujetándolo por detrás, y le puso la hoja de la espada en la garganta.

Gritó:

—Escuchen, malditos. Si no se dan la vuelta en este momento, voy a cortarle el cuello.

Fray Sebastián dejó de remar.

—¿Me escucharon? Voy a degollarlo aquí, enfrente de vosotros, a menos que regresen. Si no lo hacen, ¡él morirá por su culpa!

—¡Ni siquiera lo piensen! —gritó fray Agustín—. ¡Salgan de aquí!

Golpeó al viejo monje fuerte, en la sien, con el pómulo de la espada. Sintió cómo el viejo casi se va de rodillas, pero recuperó su fuerza y se mantuvo en pie.

La barquilla se alejaba, pero no tanto como para que no pudiera ver el rostro estupefacto de los dos herejes. Estaban aterrorizados.

—¿Fray Sebastián? ¿Fray Sebastián...?

—No podemos, Jerónimo.

—¡Claro que pueden! —dijo el inquisidor—. ¿Quieren cargar en su conciencia la muerte de este inocente?

—¡Déjalo en paz! —gritó Jerónimo—. ¡Él no te ha hecho nada a ti!

⚜

Jerónimo temblaba de rabia. Fray Agustín cerró los ojos. Estaba resignado. Sabía que su tiempo había llegado, y preparaba su alma para encontrarse con el Creador.

Jerónimo miró a Sebastián, quien seguía sin tomar los remos.

—Tenemos que regresar —las lágrimas bajaron por sus mejillas—. No podemos dejarlo morir. No así.

Con los ojos vidriosos, el bibliotecario respondió:

—No podemos regresar, Jerónimo. Si regresamos, moriremos.

—¡Si no regresamos, él morirá!

—¿Crees que eso es lo que quiere fray Agustín? ¿Que muramos los tres? No hay nada que podamos hacer, hijo.

—¡Está bien! —se escuchó la voz del inquisidor—. Haré un trato con vosotros. Si regresan, le perdonaré la vida. Incluso le perdonaré la hoguera. Podrá morir en prisión. Y vosotros también.

—Es un engaño, Jerónimo. Sabes que es un engaño.

—¡Promételo! —le gritó al inquisidor.

—¡Se los juro por el Dios omnipotente! —se oyó la respuesta.

—¡No! —dijo fray Agustín—. ¡No lo escuchen! ¡Miente!

Jerónimo lo vio en los ojos. En los ojos del inquisidor. Se dio cuenta de que Sebastián estaba en lo correcto. Agustín ya estaba muerto. Regresaran o no, le cortaría la garganta.

Lo mejor que podían hacer, lo racional, era alejarse de allí.

Fray Agustín había vivido una buena vida. Y su muerte todavía mejor. Una muerte heroica. La muerte de un mártir. La muerte de un seguidor de Jesús: sacrificarse por los demás.

«No», pensó. «No puedo».

Y entonces, Jerónimo saltó al agua.

Quinquaginta octo

Al salir del agua después del clavado inicial, lo primero que escuchó fue la voz de fray Sebastián que vociferaba:

—¡Jerónimo! ¡Qué haaaceeeees!

¿Qué hacía? No tenía ni idea. Lo único que sabía es que no podía dejar a su hermano morir frente a él. Simplemente no podía. Quizás fray Domingo le cortaría el cuello, o quizás no. Quizás vivirían otro día, luego un día más, y quién sabe si podrían intentar otro escape.

Pero haría lo posible por salvar la vida de su amigo, aunque fuera por un momento más.

Mientras nadaba de regreso al muelle, pensó que posiblemente nadaba hacia su muerte. Que el inquisidor decidiría que no valía la pena alargar el juicio, y se convertiría en su juez y verdugo allí mismo. ¿Quién podría impedírselo? ¿Qué testigo daría fe del crimen?

Pensó en el primer día en que llegó al monasterio, dejado allí por su tío. Pensó en Maclovio. ¿Dónde estaría? ¿A salvo? Quería creer que sí. Pensó en lo hermoso que había sido leer las Escrituras y ser despertado a la verdad del Evangelio a través de ella. Pensó en qué hubiera sido su vida en Ginebra o en Inglaterra.

Pensó en sus padres, a quienes nunca conoció. Le hubiera gustado conocerlos. Abrazarlos, aunque fuera un día. Tal vez Dios le permitiría eso en el reino de los cielos.

Llegó hasta el muelle, se tomó por el borde y se levantó.

—Bien hecho, muchacho —le dijo el inquisidor—. Me conformo contigo.

Lanzó a fray Agustín al suelo.

—Quédate allí, decrépito, o te clavo la espada en la espalda.

Jerónimo se puso de pie. Miró al inquisidor a los ojos, desafiante.

—Aquí estoy, fray Domingo. ¿Ahora qué?

—Ahora voltéate y mira a tu amigo.

—¿Qué?

—Voltéate y mira a tu amigo. Quiero que te vea morir.

«Así que así termina», pensó. No tenía caso argumentar. Pero moriría en paz. Lo había intentado, por lo menos. Comprar un poco más de tiempo; no fue suficiente.

Y estaba por girarse... cuando vio a un jinete que se acercaba.

Fray Domingo lo vio también.

—Imposible —dijo.

Era el alguacil. No traía la coraza puesta, y se había amarrado el camisón al vientre, el cual tenía una horrible mancha roja.

—¡Imposible! ¿Tú, de nuevo? ¡Acabemos con esto de una vez!

Fray Domingo, iracundo, caminó hacia su oponente, olvidándose de Jerónimo. El alguacil, desmontando, hizo lo mismo.

Jerónimo se arrodilló junto a fray Agustín. Tenía una herida fea en la sien. ¿Sobreviviría? No estaba seguro.

—Hermano, ¿está bien?

—¿Por qué, por qué regresaste?

—No podía dejarlo aquí.

—¿Y Sebastián?

—Sebastián se...

Pero Sebastián no se había ido. Remaba hacia ellos a toda velocidad. Era un rescate atrevido, pero si el alguacil detenía el tiempo suficiente al inquisidor, podrían escabullirse.

❧

El inquisidor y el alguacil se encontraron a un tercio del camino del muelle. Ambos estaban pálidos. Ambos perdían sangre. Ambos morirían si no eran atendidos por un médico cuanto antes.

El choque de las espadas sonó seco. Era una escena triste. Dos hombres moribundos peleando. Parecía una lucha perezosa, de movimientos cansados, de gemidos animales.

El brazo izquierdo del inquisidor pendía inerte. El alguacil, con su mano izquierda, se apretaba el vientre, intentando parar el flujo de la sangre y así prolongar su vida un poco más.

Un golpe, una defensa, una estocada, otra más.

Pero de los dos, el alguacil tenía la peor herida. Su resistencia endeble llegó a su fin cuando perdió su espada después de un intento de defensa.

El inquisidor apenas podía mantenerse en pie, exhausto. Se detuvo un poco, para recobrar el aliento.

Jacinto lo miró a los ojos, y esperó el golpe final, el golpe mortal. Quería enfrentarlo como hombre. Darle la bienvenida a la muerte.

Pero sus piernas se le doblaron, y cayó de espalda.

—Desángrate y muérete —murmuró el inquisidor.

Y se dio la media vuelta. Dio un par de pasos. Luego, a los dos monjes:

—Digan sus plegarias.

Por supuesto que fray Domingo no pudo ver cuándo el alguacil sacó una navaja.

La navaja que había pertenecido primero a su abuelo. La navaja que le regaló su padre a los doce años. La navaja con la que el alguacil había practicado incontables veces al tiro. La navaja con la cual había ganado doce torneos de tiro al blanco. La navaja que, con la última gota de fuerza que le quedaba, lanzó por el aire. La navaja que se desplazó zumbando, girando, cortando el viento. La navaja que se incrustó en la nuca del inquisidor... quien cayó al suelo, con los ojos abiertos de sorpresa, muerto.

Quinquaginta novem

Ginebra, Suiza. Meses después...

No muy lejos de la catedral de San Pedro, junto al río Ródano, se podía encontrar una posada llamada *La flor del Ródano*. El dueño, un hombre de edad avanzada llamado Loris, había sido un fiel discípulo de Juan Calvino. Cuando la Reforma llegó a Ginebra, Loris fue uno de los grandes defensores de ella.

En su posada se hospedaban personas de todas partes del mundo, y en especial, a Loris le gustaba ayudar a aquellos que venían huyendo de la persecución.

El comedor, el cual era bastante amplio, estaba siempre lleno de personas que se reunían diariamente alrededor de las mesas para hablar de teología, política y cualquier otro tema de interés. Tan popular se había vuelto el lugar que, de vez en cuando, el mismo Teodoro Beza, quien pastoreaba desde la catedral, entraba allí con sus alumnos.

Hacia ese lugar se dirigía un hombre de unos cuarenta años, de ojos penetrantes, cabello negro y barba bien recortada. Por su vestimenta, era evidentemente español ya que llevaba puesto un jubón de cuello alto color rojo, con botones dorados, unos calzoncillos bombachos de color mostaza, con medias altas y zapatos negros; sobre sus hombros, una capa azul, y en su cabeza un sombrero de ala corta con una pluma que hacía juego con la capa.

Abrió la puerta que daba entrada al comedor del mesón. El lugar, era de esperarse, estaba lleno entre pláticas, risas, palmadas en el hombro y una que otra discusión intensa.

Recorrió con la mirada el lugar. Allá, en una esquina, un par de hombres agitaban las manos para llamar su atención. Eran ellos. Sonriente, se aproximó a la mesa, que estaba en un rincón.

—¡Cipriano, hermano, qué gusto verte!

Cipriano se sentó.

—El gusto es mío, hermano Sebastián. Un gusto verte también a ti, Jerónimo. ¿Cómo se encuentran?

—Es difícil explicar lo bendecidos que nos sentimos —dijo Sebastián.

—Todavía pienso que es como un sueño del que no me quiero despertar —agregó Jerónimo.

Un joven, nieto de Loris, de unos quince años, se acercó y les dijo en francés:

—¿Gustan algo de comer, amigos? Un gusto verle de nuevo, don Cipriano.

—El gusto es mío, Leo. ¿Tu tío, está bien?

—Sí señor, muy bien. Dios es bueno.

—Perfecto. Lo saludas de mi parte. Tráenos un poco de carne, queso, también pan y algo para beber.

—De inmediato.

Cipriano, originario de la ciudad de Valera, en España, entrelazó las manos frente a él y exhaló, cansado.

—¿Un viaje largo, hermano? —le preguntó Sebastián.

—Sí. Lamento mucho que no he podido tratarlos como debería. ¡No puedo creer que la última vez que los vi fue hace tres meses!

—Pero fuiste de mucha ayuda —dijo Jerónimo—. Nos ayudaste a encontrar posada aquí. Conocer a Beza, y estudiar bajo su tutela, ha sido un honor.

—Me alegra.

—¿Y cómo va la Biblia? —le preguntó Sebastián con los ojos brillando.

El rostro de Cipriano se iluminó de inmediato. Tan solo la mención de la Biblia le hizo recobrar energías.

—Bien. Seguimos imprimiéndolas, mandándolas por contrabando a diferentes lugares. Tuve una conversación con Casiodoro. Le dije que probablemente necesite una buena revisión.

—Probablemente la necesitará, sí —dijo Jerónimo—. Toda nueva traducción la necesita.

—Definitivamente, Casiodoro quiere que yo haga la revisión. Será un trabajo arduo, pero pienso que sería un buen proyecto. Con todo lo que tengo que hacer, no estoy seguro de poder.

—Pero nuestro pueblo lo necesita —dijo Sebastián—. Nuestra lengua lo necesita.

—Así es. Por cierto... ¿el hermano Agustín?

En ese momento se abrió la puerta. Por ella entró un hombre encorvado, quien caminaba apoyado por un bastón, con los ojos blancos y un semblante de una persona acostumbrada a sonreír.

—¡Ah, hablando de él! —dijo Jerónimo.

La entrada de don Agustín causó conmoción en el lugar. Era como si todos lo conocieran. Probablemente así era, pues nadie contaba historias como don Agustín, nadie debatía teología con tanta sagacidad como él, nadie lo superaba en su capacidad de decir una palabra llena de amor para alguien que lo necesitaba.

—¡Don Agustín, qué gusto verle! —dijo alguien.

—¡Hermano, ya lo extrañábamos por aquí! —dijo otro.

—Permítame ayudarle, querido hermano —agregó un tercero.

—Gracias, gracias, hermanos. No es necesario. Conozco mi camino a la mesa.

Sin vacilar, don Agustín se dirigió hacia ellos. Ya no llevaba puesta la túnica de monje, sino una toga negra, la cual lo identificaba como un maestro de la Palabra.

Se sentó.

—Gusto tenerte de regreso, hermano Cipriano.

—El gusto es mío, don Agustín.

En eso llegó la comida. Charlaron de esto y aquello, disfrutando del tiempo, que pasaba demasiado rápido. Y es que así pasa el tiempo cuando se disfruta.

—Por cierto, mis hermanos —dijo Cipriano—, nunca terminaron de contarme lo que sucedió en el puerto de Murcia.

—Jerónimo lo cuenta bien —dijo Sebastián, dándole un golpecito con el codo a su amigo.

—Pues bien, si mal no recuerdo, te contamos lo sucedido con el inquisidor.

—Muerto, sí. Por una navaja, si mal no recuerdo.

—Así es —dijo Jerónimo, y continuó—. Puesto que ya nadie nos perseguía, decidimos, primero, llevar al alguacil Jacinto con el médico del pueblo. Estuvo a punto de morir; pero gracias sean dadas a Dios, vivió. Regresó a El Prado, donde, seguramente, volverá a su trabajo.

—Gloria a Dios.

—Nos quedamos en Murcia otras cuatro semanas, para recuperarnos de nuestras heridas. Luego, habiendo logrado comunicarnos contigo, nos hicimos a la mar rumbo a Ginebra.

—Y fue un gusto recibirles; aunque lamentablemente tuve que retirarme un día después.

—No te preocupes por eso, hermano —dijo don Agustín, al tiempo que reposaba su palma sobre el hombro de Cipriano—. Sabemos que estás haciendo la labor de Dios en muchos lugares y siempre estás en nuestras oraciones.

—¿Y qué plan tienen? ¿Se quedarán aquí? ¿Se marcharán?

Una pausa.

—Lo que Dios tenga para nosotros, eso queremos hacer —dijo Jerónimo.

Los tres amigos, asintiendo, se miraron. Los tres tenían una sonrisa en el rostro. Incluso los ojos de Jerónimo se tornaron vidriosos. Estaban felices. Gozosos. Llenos.

Sexaginta

Querido Maclovio:

Espero que esta carta te encuentre bien. Todavía no puedo creer que hayan pasado ya cinco años desde que llegamos a Ginebra. Y, sin embargo, la última vez que te escribí fue hace tres años. Después de eso, me enteré de que habías dejado Inglaterra para regresar a nuestra tierra.

Eso me llenó de gozo, pero debo admitir que algo de temor entró en mi alma. Sé que la Inquisición sigue con fuerza allí. Pero trajo gran alegría a mi corazón que tan solo el día de ayer, un hermano que conocerás, de nombre Reynaldo, llegó aquí y nos dio la noticia de que estabas de regreso a Inglaterra.

¡No sabes cómo salté de alegría al saber que estabas bien! Por lo tanto, inmediatamente, tomé la pluma para escribirte y ponerte al día un poco de nuestra vida.

Quizá la noticia más grande será que me he casado. A Dios le plació darme una bella esposa. Su nombre es Jacqueline. Sus padres son franceses, aunque ella se crio en España. Después regresaron a Francia, y tuvieron que huir de la persecución allí cuando se convirtieron a la fe evangélica. Nos conocimos aquí, nos casamos y tenemos un bebé recién nacido.

En cuanto a Bernardo, quien fue nuestro amigo, lo último que escuché es que se había unido a la Inquisición. Diariamente oro por su alma y su corazón.

Te sorprenderá saber que he tenido una correspondencia secreta con el abad Ricardo. No está muy lejos del reino. Tengo confianza en que Dios, por medio de su Espíritu, lo convencerá.

Nuestro querido hermano Sebastián dejó Ginebra hace dos años. Regresó a España. Al norte, me dijo que iría. Ya sabes cómo es, siempre con secretos, y no me dio demasiados datos. Pero me dijo que había un grupo protestante en la ciudad a la que se dirigía. No he escuchado nada de él personalmente, pero confío en Dios que está a salvo. Pienso que si hubiera sido capturado por la Inquisición, ya me habría enterado. Por favor ora por él, para que Dios lo guarde. Estoy seguro de que será usado poderosamente por nuestro Dios.

A nuestro hijo le pondremos de nombre Agustín. Y es que, querido hermano, lamento decirte que nuestro hermano Agustín pasó a la presencia del Señor hace tres meses. Al final, ya no podía moverse. Sin embargo, yo lo visitaba casi a diario. ¡El último día que lo vi quería debatir teología conmigo! Lo recuerdo con mucho cariño, y nunca olvidaré lo que vivimos y lo bondadoso que fue conmigo. ¡Imagina su rostro cuando se enteró de que tendríamos un bebé! Ah, le hubiera gustado cargarlo en sus brazos. Dios, sin embargo, prefirió llevárselo primero. Pero nuestro hermano ya estaba listo; sí, lo estaba.

Cuéntame, por favor, de ti. ¿Cómo están las cosas en Inglaterra? Aquí en Ginebra llevo dos años y medio pastoreando a un grupo de españoles, junto con otros dos pastores. Ha sido un gozo aprender juntos de la Palabra, leerla, cantarla, meditarla.

Pero últimamente he considerado visitarte en Inglaterra. ¿Y quién sabe? Tengo un fervoroso deseo por nuestra tierra. Me gustaría regresar. Me gustaría compartir el evangelio con más personas allí. Sé que sería peligroso, pero las cosas que más valen la pena muchas veces vienen con peligro. ¿Y no es a eso a lo que nos llamó nuestro Señor? Quiera Dios usarnos para que más personas conozcan a Cristo. Que más personas sepan que después de las tinieblas, hay luz.

Tu amigo querido,
Jerónimo

Fin

Detrás del teclado
Una nota al lector

La idea de esta novela surgió del interés que he tenido desde hace algunos años en el movimiento monástico y la relación que después tendría con la Reforma protestante. Cuando leí por primera vez la historia de cómo Casiodoro de Reina y Cipriano de Valera huyeron en el siglo XVI del monasterio de San Isidoro del Campo, perseguidos por la Inquisición, comenzó un interés en mí por escribir una historia similar. Además, tenía muchas ganas de escribir una novela de misterio, y un monasterio me parecía un lugar propicio para una historia así. El lector perspicaz encontrará en este libro homenaje a algunos de mis autores favoritos, incluyendo Arthur Conan Doyle, Agatha Christie, Edith Mary Pargeter y, por supuesto, Umberto Eco.

Puesto que esta es una novela de ficción, me he permitido algunas libertades literarias para facilitar la lectura y la comprensión. Simplifiqué, igualmente, algunos de los procesos de la Inquisición. El lenguaje, también, se modernizó en algunos puntos. Sin embargo, intenté ser fiel a los datos históricos que tenemos sobre esa época.

Si te ha gustado esta novela, será de gran ayuda que puedas reseñarla en alguna plataforma digital, pues eso ayudará a que otros lectores la encuentren. Aunque toma poco tiempo hacerlo, es de gran beneficio. Me encantaría escuchar de ti, me puedes escribir accediendo a www.emanuelelizondo.com y pulsando en la pestaña «contacto».

Espero hayas disfrutado este viaje a la Edad Media, y que no sea la última vez que hagamos un viaje juntos.

Emanuel Elizondo
Monterrey, México.
Julio 13, 2022